郭小丽 选注 崔岩 讲解

舌华录

半日闲

·长沙

图书在版编目(CIP)数据

舌华录/(明)曹臣著;郭小丽选注.—长沙:岳麓书社,2020.4
ISBN 978-7-5538-1133-8

Ⅰ.①舌…　Ⅱ.①曹…②郭…　Ⅲ.①格言—汇编—中国—古代②《舌华录》—注释　Ⅳ.①H136.33

中国版本图书馆 CIP 数据核字(2019)第 097032 号

SHE HUA LU
舌华录
作　　者:[明]曹臣
选　　注:郭小丽
责任编辑:孙世杰
责任校对:舒　舍
封面设计:山和水工作室

岳麓书社出版发行
地址:湖南省长沙市爱民路 47 号
直销电话:0731-88804152　0731-88885616
邮编:410006

2020 年 4 月第 1 版第 1 次印刷
开本:850mm×1168mm　1/32
印张:7.875
字数:177 千字
ISBN 978-7-5538-1133-8
定价:32.00 元

承印:长沙鸿发印务实业有限公司

如有印装质量问题,请与本社印务部联系
电话:0731-88884129

以下为本书讲解音频二维码，在正式阅读本书前，可扫描二维码获取讲解音频，以对全书内容有大致了解，使阅读过程更为顺畅。

1. 舌本莲花吐俊言

2. 智慧的言语

3. 豪言壮语

4. 冷言谑语

5. 清言俊语

6. 感慨万千

前　言

“舌根于心，言发为华。”《舌华录》之名，盖取佛经“舌本莲花”之意。《舌华录》之书，是晚明安徽歙县人曹臣广收近百本前贤著作，“采前人问答之语有意味者”，又收录同时代人物的清言妙语，分类编次而成的一部“世说体”小说。

如果回溯历史，我们会发现，古人对于巧妙言辞的态度可堪玩味。一方面，儒家有“君子欲讷于言而敏于行”“巧言令色，鲜矣仁”之语，明显不喜欢所谓的花言巧语。道家认为，“信言不美，美言不信”，对美言的可信度提出怀疑；而庄子提出的“言者所以在意，得意而忘言”，更是将言意对立，从根本上消解了“言”的存在价值。虽然儒道两家立意不尽相同，但其对言辞的轻视却是暗通的。

另一方面，尽管在理论上有这种警觉，事实上却并没有人会真的抛弃言语这种上天赋予人特有的能力。儒家的孟子就有好辩之名，所谓“外人皆称夫子好辩”。道家的庄子虽然主张“得意而忘言”，但这种意思也须凭借言语才能表达。《庄子》洋洋洒洒八万余言充满思辨色彩，他与惠施的濠梁之辩也尽显其辩才。当时诸子百家，更有名家以善辩成名，纵横家凭辩才游说诸侯，左右时局。早在春秋时，鲁国大夫叔孙豹就提出：“太上有立德，其次有立功，其次有立言，虽久不废，此之谓不朽。”将“立言”提升到可以使声名借之不朽的高度。“立言”

于是成为人们立身扬名、实现自我价值的重要途径。

在这种背景下，不管是正史还是野史中，都记载着大量各色人物的隽言妙语。《舌华录》收集的就是从先秦到晚明人物的"仓卒口谈"，厘定为慧、名、豪、狂、傲、冷、谐、谑、清、韵、俊、讽、讥、愤等十八类，共有一千余条。其文短小精悍，每条互相独立，字数多不满百，读来相当轻松。有些诙谐幽默，饶有情趣，如同一篇篇微型小说，甚至可以称为古时候的段子。

《舌华录》收录的大部分是人们往来问答之语。如皇帝向书法家大臣提出二人书法谁更胜一筹这种问题，大臣不敢直言怕触犯龙颜，又不甘摧眉折腰自我折辱，如何两全其美，值得玩味。也常有同辈开玩笑，故意刁难，而对方也能从容应对，甚至不动声色地以彼之道，还施彼身，让不恭者自讨没趣。无论如何，这些仓促之间的应答能化解尴尬，显示人物的机智敏捷，也很为后人津津乐道。具体的应对策略，似乎可以见出"大文化"与"小文化"、经典文化和民间文化的兼容并蓄。如很多故事都是文人士大夫引经据典，巧妙地让经典中的成句为我所用，如：

王俭为吏部尚书，有客姓谭求官。曰："齐桓灭谭，那得有汝？"答曰："谭子奔莒，所以有仆。"

其中宾主双方所说的"齐桓灭谭""谭子奔莒"都出自《左传·庄公十年》："冬，齐师灭谭，谭无礼也。谭子奔莒，同盟故也。"王俭的发问，既是开玩笑，也是看对方是不是熟悉典籍的同道中人，是对对方文化水平的试探。谭姓者能从容应对，想必能达成所愿。

除了这种读书人之间对暗号般的引经据典，还有很多例子展示的是更加大众化的民间智慧。如：

刘贡父觞客，苏子瞻有事欲起，刘以三果一药调之曰："幸早里且从容。"坡答曰："奈这事须当归。"满座大笑。

宾主所言分别是三种果子和一种药物的谐音：杏、枣、李、肉苁蓉，柰、蔗、柿、当归。这与民间婚礼上用枣、花生、桂圆谐音早生贵子类似，是一种非常俚俗的文字游戏，妙趣横生，调节气氛，使满座尽欢。

在日常生活中，言语不仅仅是人们互相交流沟通的最基本工具，只言片语，也是展现个人素养、胸怀的重要载体。所谈之事，又往往打上了时代的烙印。观《舌华录》，不仅可以学习言辞之巧，更可观世知人，增进对古代社会的了解，感受古人的生活情趣，学习古人的人生哲学。比如其中的很多条目涉及当时的文化现象，如：

太子洗马兰陵萧诩，爽俊有才辩，尝谓阳玠曰："流共工于幽州，易北恐非乐土！"玠曰："放驩兜于崇山，江南岂是胜地！"

习凿齿、孙兴公未相识，同在桓公坐。桓语孙："可与习参军共语。"孙云："蠢尔蛮荆，敢与大邦为仇？"习云："薄伐猃狁，至于太原。"

类似条目还有很多。双方针锋相对，其实都是对对方家乡出言不逊，体现了经过多年分裂战乱、刚刚一统的帝国内部地域之间的矛盾，展示出晋时南北人民尚未完全融合的情绪。

又如：

王僧虔子慈，年十岁，同蔡兴宗子约，入寺礼佛，正见沙门等忏悔。约戏之曰："众僧今日何乾乾？"慈应曰："卿如此不知礼，何以兴蔡氏之宗？

蔡约主动挑衅，对王慈直呼其父王僧虔的名讳（“乾”谐音“虔”）。王慈不甘示弱，答话中也嵌入了蔡约之父蔡兴宗的名讳。今人看来可能不明所以，但在古代讲究避家讳的背景下，对子直呼其父名讳是很失礼的行为，书中由此引发的唇枪舌剑为数不少。

书中还有很多有关南北朝时的条目，体现了当时文化较发达的南朝人对北朝人的轻蔑，这与文学史上关于当时文学态势的论断可以参看；又有很多魏晋和晚明时期士人的言谈，都展示出一种率真洒脱的气度，可以看出当时时代的风潮。通观全书，作者的取舍褒贬是一以贯之的，即推崇潇洒率真，轻视鄙啬俗气；提倡真性情，反对假道学。书中所记人物多为当时政界或文化界的名人，在其他典籍中，他们给我们一贯的印象似乎是法相庄严，遥不可及，而本书却可以通过他们日常生活的一言一事，让我们窥见大人先生们的另一副面目——即便位高权重，如果行为苟且，也会出丑露乖。如“冷语”中记载了高官和凝的一件糗事：

冯道、和凝同在中书。一日，和问冯曰：“公靴新，价其值几何？”冯举左足示和曰：“九百。”和性褊急，遽回顾小吏云：“吾靴何得用一千八百？”因诟责久之。冯徐举其右足曰：“此亦九百。”

“谑语”中有一则记载了大名士王导的失态：

王导妻妒，导有众妾在别馆，妻知之，持食刀将往。公遽命驾，患牛迟，手捉麈尾，以柄助打牛。蔡谟闻之，后诣王，谓曰："朝廷欲加公九锡。"王自叙谦。蔡曰："不闻余物，惟闻短辕犊车，长柄麈尾耳。"

在这类故事中，名人被拉下神坛，光环完全消解，成为被戏谑的对象。

本书也有很多条目蕴含着深刻的道理。如"慧语"中记载一则故事：

孟敏尝至市贸甑，荷担堕地，坏之，径去不顾。适遇郭林宗，见而异之，因问曰："坏甑可惜，何以不顾？"孟曰："甑已破矣，顾之何益？"

现代经济学中有"沉没成本"一说，指已经付出的、无法由现在或将来的任何决策挽回的成本。孟敏当然不知道"沉没成本"一说，但他的旷达气度让他可以洒脱地面对破甑之事。古今对照，对我们的生活不无启发。

还有一些条目涉及子女教育问题，如：

王敬弘未尝教子孙学问，各随所欲。人问之，答曰："丹朱不应乏教，宁越不闻被棰。"

刘禹锡曰："季龙挟弹弹人，其父怒之。其母曰：'健犊须走车破辕，良马须逸鞅泛驾，然后能负重致远大。童稚不奇不慧，必非异器。'"

由此可见，古人教育子女，不仅有司空见惯的严加管教，也有这类潇洒放任的各随所欲，值得当今为人父母者参考。

此书最早刻印于明万历年间，现存多个版本。这次出版，选用的是《四库全书存目丛书》影印清华大学图书馆所藏的刻本。其中原文有一些明显舛误之处，或与出处龃龉，或于文义不通，为方便今日读者阅读理解，笔者或依从原籍，或依文义而径改，未出校记。因时间仓促，所知有限，不当之处，恳请读者指正。

注　者

2019 年 5 月

目 录

慧语第一

吴苑曰：佛氏戒、定、慧三等结习，慧为了语，慧之义不大乎？慧之在舌机也，有狂、智之别焉。狂之不别有智，如智之不识有狂也。是智者智，而狂者亦智，两而别之，则金粟如来氏矣。如来氏取法，一芥可以言须弥，刹那可以称万劫，其中倒拈顺举，无不中道。即智者不自知，而狂者能耶？乃次慧语第一。

◉ 王元泽[1]数岁时，客有以一獐一鹿同笼以献。客问元泽：“何者是獐？何者是鹿？”元泽实未识，良久对曰：“獐边者是鹿，鹿边者是獐。”客大奇之。

注释：

1 王元泽：王雱，字元泽，王安石之子。

◉ 苏东坡一日退朝，食罢，扪腹[1]徐行，顾谓侍儿曰：“汝辈且道是中[2]何物？”一婢遽[3]曰：“都是文章。”坡不以为然。又一婢曰：“满腹都是机械[4]。”坡亦未以为当。至朝云[5]，乃曰：“学士[6]一肚皮不合时宜[7]。”坡捧腹大笑。

注释：

1 扪腹：抚摸腹部。形容饱食后怡然自得的样子。 2 是中：这里面。 3 遽：立刻，马上。 4 机械：巧诈，机巧。此处意为聪明才智。 5 朝云：王朝云，苏轼侍妾。 6 学士：指苏轼。苏轼曾任翰林学士。 7 不合时宜：不符合时势和趋尚。此处指不圆滑世故。苏轼坚持自己的政见，不从流俗，因此仕途坎坷。

◉ 庞安时[1]聋而颖悟，人与之言，以指画字，不尽数字，辄了[2]人意。苏东坡戏之曰："余以手为口，尔以眼为耳，皆一时异人也。"

注释：

1 庞安时：字安常，被誉为"北宋医王"。苏轼被贬黄州时，与之相交。 2 了：明白，知道。

◉ 杨德祖[1]为主簿[2]，时操既平汉中，欲讨刘备而不得进，欲守又难为功。护军[3]不知进止，操出教[4]，唯曰"鸡肋"。外曹莫能晓[5]，德祖曰："夫鸡肋，食之无所得，弃之殊[6]可惜，公归计决矣。"乃令白外，称严装。操果回师。

注释：

1 杨德祖：杨修，字德祖。东汉末年文学家，学问渊博，十分聪慧，但他恃才放旷，被曹操嫉恨，后为曹操所杀。 2 主簿：古代文官名。 3 护军：古代高级军事长官的官名。 4 出教：发布教令。 5 晓：明白。 6 殊：特别，很。

◉ 隋吏部侍郎薛道衡，尝游钟山开善寺，谓小僧曰："金刚何为怒目？菩萨何为低眉？"小僧答曰："金刚怒目，所以降伏众魔；菩萨低眉，所以慈悲六道[1]。"

注释：

1 六道：佛教语，指众生轮回的六去处：天道、人道、阿修罗道、畜生道、饿鬼道和地狱道。

◉ 熊际华曰："梦以昨日为前身，可以今夕为来世。"

◉ 永乐[1]改元，徙江南富民实北京。黄润玉时年十岁，其父当行，乃诣[2]官请代。官不从，对曰："父去，日益老；儿去，日益长。"官异而从之。

注释：

1 永乐：明成祖朱棣年号。　2 诣：造访。

◉ 陆氏兄弟游龙潭寺，见一暗室，弟曰："是黑暗地狱。"兄曰："是彼极乐世界。"

◉ 陈元方[1]子长文[2]，有英才，与季方[3]子孝先[4]，各论其父之功德，争之不能决。咨于太丘[5]，太丘曰："元方难为兄，季方难为弟。[6]"

注释：

1 陈元方：陈纪，字元方，陈寔长子。　2 长文：陈群，字长文，陈元方之子。　3 季方：陈谌，字季方，陈寔少子，陈元方之弟。　4 孝先：陈忠，字孝先，陈季方之子。　5 太丘：指陈寔，东汉时期官员、学者。因曾为太丘长，故称"陈太丘"。　6 元方难为兄，季方难为弟：指两人的功德难分高下。成语"难兄难弟"的出处。

◉ 徐孺子[1]年九岁，尝月下嬉。人语之曰：“若令月中无物，当更明耶？”徐曰：“不然，譬如眼中有瞳子[2]，无此必不明。”

注释：

1 徐孺子：徐稚，字孺子。东汉时期著名的高士贤人。 2 瞳子：瞳孔。

◉ 孔融[1]被收，中外[2]惶怖[3]。时融儿大者九岁，小者八岁，二儿故琢钉[4]戏，了无遽容[5]。融谓使者曰：“冀[6]罪止于一身，二儿可得全不？”儿徐进曰：“大人岂见覆巢之下，复有完卵乎？”寻亦收至。

注释：

1 孔融：字文举，东汉末年文学家，“建安七子”之一。触怒曹操而为其所杀。 2 中外：朝廷内外。 3 惶怖：恐惧。 4 琢钉：古代一种儿童游戏。 5 了无遽容：完全没有惊惧、慌张的神色。 6 冀：希望。

◉ 庾公[1]常入佛图[2]，见卧佛，曰：“此子疲于津梁[3]。”

注释：

1 庾公：指东晋名士庾亮。 2 佛图：佛塔。 3 津梁：本义为渡口、桥梁，此处比喻济渡众生。

◉ 简文[1]崩[2]，孝武[3]年十余岁，立至暝[4]，不临[5]。左右启[6]：“依常应临。”帝曰：“哀至则哭，何常之有？”

注释：

1 简文：指晋简文帝司马昱。 2 崩：古代帝王去世称崩。 3 孝武：指晋孝武帝司马曜，晋简文帝司马昱第六子。 4 暝：天黑。 5 临：到。此处指到简文帝灵前哭奠。 6 启：启奏，禀告。

◉ 谢太傅问子侄：“弟子亦何预人事，而正欲使其佳？”诸人莫有言者。车骑答曰：“譬如芝兰玉树，欲使其生于阶庭耳！”

◉ 孝武将讲《孝经》，谢公兄弟[1]与诸人私庭讲习[2]。车武子[3]难苦问谢[4]，谓袁羊[5]曰：“不问则德音有遗[6]，多问则重劳二谢[7]。”袁曰：“必无此嫌。”车曰：“何以知尔？”袁曰：“何尝见明镜疲于屡照，清流惮于惠风？”

注释：

1 谢公兄弟：指谢安、谢石。 2 私庭讲习：在自己家里讲议研习。 3 车武子：车胤，字武子。幼时家贫，聪颖好学，囊萤夜读。 4 难苦问谢：指心里有疑问而又不敢去问谢公兄弟。 5 袁羊：袁乔，小字羊。 6 德音有遗：遗漏精彩的言论。 7 重劳二谢：给谢安、谢石增添麻烦。

◉ 江夏冯京[1]，知并州[2]，谓王平甫曰：“并州歌舞妙丽，闭目不窥，日以谈禅[3]为上。”王答曰：“若如所论，未达禅理。闭目不窥，已是一重公案[4]。”

注释：

1 江夏冯京：冯京是北宋大臣，江夏人，所以称他“江夏冯京”。 2 知并州：在并州做知州。 3 谈禅：谈说佛教教义。 4 公案：佛教禅宗指前辈祖师的言行范例。这里王平甫并不认同冯京的做法，认为闭目塞听、排除外在的干扰诱惑，并不算真正内心清净、了悟禅理。

◉ 卫玠[1]总角[2]时，问乐令[3]梦，乐云："是想。"卫曰："形神所不接而梦，岂是想耶[4]？"乐云："因也。未尝梦乘车入鼠穴，捣齑啖铁杵[5]，皆无想无因故也。"

注释：

1 卫玠：魏晋之际继何晏、王弼之后的著名清谈名士和玄学家。 2 总角：指儿童。古时儿童束发为两结，向上分开，形状如角，称为总角。 3 乐令：指乐广，西晋名士。官至尚书令，人称"乐令"。 4 形神所不接而梦，岂是想耶：身体和精神都没有接触过的事情却梦见了，这哪里是因为心里想呢？ 5 乘车入鼠穴，捣齑啖铁杵：坐车进老鼠洞，捣碎姜蒜喂铁杵，比喻不合情理的事情。

◉ 殷中军[1]问："自然无心于禀受[2]，何以正善人少，恶人多？"诸人莫有言者。刘尹[3]答曰："譬如泻水着地，正自纵横流漫，略无正方圆者。"

注释：

1 殷中军：殷浩，曾担任中军将军之职，所以称为"殷中军"。 2 自然无心于禀受：大自然并没有存心给人不同的禀赋气质。 3 刘尹：刘惔，东晋著名清谈家，曾担任丹阳尹，所以称为"刘尹"。

◉ 人问殷中军："何以将得位而梦棺器[1]，将得财而梦矢秽[2]？"殷曰："官本是臭腐，所以将得而梦棺尸；财本是粪土，所以将得而梦秽污。"时人以为名通[3]。

注释：

1 棺器：棺材。 2 矢秽：粪便污物。 3 名通：名言通论。殷浩的回答展示了视功名利禄为粪土的洒脱情怀，这是魏晋时期名士风度的体现，被人们推崇。

◉ 司马太傅[1]问谢车骑："惠子[2]其书五车，何以无一言入玄[3]？"谢曰："故当是其妙处不传[4]。"

注释：

1 司马太傅：司马道子，东晋宗室、权臣。卒赠太傅，因此称为"司马太傅"。 2 惠子：战国中期著名的哲学家，是名家学派的开山鼻祖。 3 入玄：达到玄妙的境界。 4 妙处不传：玄理的神妙之处不是言语能传达的。

◉ 楚王[1]张繁弱[2]之弓，载忘归[3]之矢，以射蛟兕[4]于云梦[5]之泽，而丧其弓。左右请求之，王曰："止。楚人遗之，楚人得之，又何求焉？[6]"

注释：

1 楚王：此处指楚共王。 2 繁弱：古良弓名。 3 忘归：良箭名，以一去不复返，故称。 4 蛟兕：蛟龙与兕牛。 5 云梦：古薮泽名，借指古代楚地。 6 楚人遗之，楚人得之，又何求焉：楚国人丢掉了，被楚国人捡到，又何必去找呢？这句话体现了楚王心胸宽广。

◉ 王戎[1]七岁，尝与诸小儿游。见道边李树多子折枝，诸儿竞走取之，唯戎不动。答曰："树在道边而多子，此必苦李。"取之，果然。

注释：

1 王戎：西晋名士，"竹林七贤"之一。

◉ 曹公[1]少时见乔玄[2]，玄谓之曰："天下方乱，群雄虎争，拨而理之[3]，非君乎？然君实是乱世之英雄，治世之奸贼。"

注释：

1 曹公：指曹操。 2 乔玄：东汉时期名臣。 3 拨而理之：拨乱反正，治理天下。

◉ 晋明帝[1]数岁，坐元帝[2]膝上，因问："长安何如日远？"答曰："日远。不闻人从日边来，居然[3]可知。"元帝异之。明日，集群臣宴会，告以此意，更重问之，答曰："日近。"元帝失色曰："尔何故异昨日之言耶？"答曰："举目见日，不见长安。"

注释：

1 晋明帝：晋元帝司马睿长子司马绍，东晋第二位皇帝。 2 元帝：晋元帝司马睿，司马懿的曾孙，东晋开国皇帝。 3 居然：显然。

◉ 韩康伯[1]年数岁，家酷贫，至大寒，止得襦[2]。母殷夫人自成之，令康伯捉熨斗，谓康伯曰：“且着襦，寻复[3]作裈[4]。”儿云：“已足，不须作裈也。”母问其故，答曰：“火在熨斗中而柄热[5]。”

注释：

1 韩康伯：韩伯，字康伯。东晋玄学家、训诂学家。 2 襦：短衣，短袄。 3 寻复：不久再。 4 裈：裤子。 5 火在熨斗中而柄热：火在熨斗里，熨斗柄也就热了。这句话的意思是说，上身穿了短袄，下身也就暖和了。

◉ 陈眉公[1]曰：“武林[2]西湖，有花朝[3]而无月夜，有红粉[4]而无佳人，于此不无少恨。”吴鹿长[5]闻之曰：“既有此西湖，不得不有此缺恨。”

注释：

1 陈眉公：陈继儒，号眉公。明代文学家、书画家。 2 武林：杭州的别称，因武林山而得名。 3 花朝：百花盛开的春晨。泛指大好春光。 4 红粉：妇女化妆用的胭脂和粉，借指美女。 5 吴鹿长：即《舌华录》的参定者吴苑。

◉ 王子猷[1]居山阴[2]，夜大雪，眠觉[3]，空室，命酌酒。四望皎然，因起彷徨，咏左思《招隐》诗，忽忆戴安道[4]。时戴在剡[5]，即便夜乘小船就之，经宿方至，造门不前[6]。人问其故，王曰：“吾本乘兴而来，兴尽而返，何必见戴？”

注释：

1 王子猷：王徽之，字子猷。东晋名士，大书法家王羲之之子。 2 山阴：地名。在今浙江绍兴地区。 3 眠觉：睡醒。

4 戴安道：戴逵，字安道。东晋名士。 5 剡：古县名。在今浙江东部。 6 造门不前：到了门口不进去。

◉ 陈继儒曰："有人闻人善则疑之，闻人恶则信之，此满腔杀机也。"

◉ 石塔[1]长老戒公，东坡居士昔赴登闻[2]，戒公迓[3]之。东坡曰："吾欲一见石塔，以行速不及也。"戒公起曰："这着是砖浮图[4]耶？"坡曰："有缝奈何？"曰："若无缝，争容得世间蝼蚁！"

注释：

1 石塔：扬州石塔寺。 2 赴登闻：苏轼在英宗治平二年入判登闻鼓院。登闻鼓院是古代直诉机构，接受士民鸣冤、请赏等事。 3 迓：迎接。 4 浮图：佛塔。

◉ 后魏陆馥谓子琇曰："汝祖东平王有十二子，我为嫡长，承袭家业。吾今年老，属汝幼童[1]，讵堪[2]为陆氏宗首乎？"琇对曰："苟非斗力[3]，何患童稚？"

注释：

1 属汝幼童：把家业托付给你这个小孩子。 2 讵堪：怎么能。 3 苟非斗力：如果不是比力气。

◉ 郑翰卿[1]曰："世未有怜才而不好色者。好色怜才，总归一致。"

注释：

1 郑翰卿：郑琰，字翰卿，明代福州闽县人。为人有才情。

◉ 管辂[1]年七岁，与邻里小儿戏，画地为日月星辰之状，语言不常[2]。父母禁之，答曰："家鸡野鹄，尚知天时，况人乎？"

注释：

1 管辂：三国时期曹魏术士，被后世奉为卜卦观相的祖师。

2 不常：不平凡。

◉ 贾思伯[1]至性谦和，遇士大夫，虽在街道，停车下马，接诱恂恂[2]，曾无倦色。客曰："公今贵重，宁能不骄？"曰："衰至便骄[3]，何常之有？"

注释：

1 贾思伯：字仕休，北魏大臣。 2 接诱恂恂：对人温顺恭谨。 3 衰至便骄：衰落了就骄傲。贾思伯懂得盛必有衰，不衰无须骄矜作态的道理，对此直言不讳，颇见其耿直雅正之气。

◉ 霍王元轨[1]临[2]徐州，与处士[3]刘玄平为布衣之交。或问玄平王之所长，玄平答以无长。人问其故，玄平曰："夫人有短，所以见长。"

注释：

1 霍王元轨：李元轨，唐高祖李渊第十四子，封为霍王。有才学，喜欢闭门读书，为人谨慎低调。 2 临：到。 3 处士：本指有才德而隐居不仕的人，后亦泛指未做过官的士人。

◉ 黄蘗祖师[1]曰："不是一番寒彻骨，争得[2]梅花扑鼻香。"念头稍缓时，便宜庄诵一遍。

注释：

1 黄蘗祖师：唐代福建福清僧人。 2 争得：怎得。

◉ 卢相迈[1]不食盐醋。同列问之："足下不食盐醋，何堪[2]？"迈笑曰："足下食盐醋，复又何堪？"

注释：

1 卢相迈：卢迈，唐德宗贞元九年担任宰相职，故称。 2 何堪：怎能忍受。

◉ 陶侃[1]疾笃[2]，都无献替之言[3]，朝士以为恨[4]。谢仁祖[5]闻之，曰："时无竖刁，故不贻陶公话言[6]。"时人以为德音。

注释：

1 陶侃：东晋时期名将，封长沙郡公。著名田园诗人陶渊明的曾祖。 2 疾笃：病势沉重。 3 都无献替之言：全没有关于朝廷兴利除弊、官吏进退等大事的遗言。 4 恨：遗憾。 5 谢仁祖：谢尚，字仁祖。东晋时期名士。 6 时无竖刁，故不贻陶公话言：现在没有像竖刁那样的奸人，所以不用陶公留下遗训。

◉ 昙秀[1]往惠州见苏东坡，将归，坡云："山中人见公还，必求土物[2]，何以应之？"秀曰："鹅城[3]清风，鹤岭明月，人人送与，只恐他无着处[4]。"坡曰："不如将[5]几纸字去，每人与一纸，但向道：此是言《法华》，里头有灾福。"

注释：

1 昙秀：北宋诗僧。与苏轼、晁补之为友。 2 土物：某地特有的著名物产。 3 鹅城：惠州的别称。传说初立州时，有木鹅浮至江上，因号鹅城。 4 只恐他无着处：只怕他没有放的地方。 5 将：携带。

◉ 王守仁[1]初封新建伯[2]，入朝谢，戴冕服，有帛蔽耳。或戏曰："先生耳冷耶？"王曰："是先生眼热。"

注释：

1 王守仁：字伯安，别号阳明。明代著名的思想家、文学家、军事家。 2 新建伯：王守仁因平定宸濠之乱而被封为新建伯，隆庆年间追赠新建侯。

◉ 宋王旦[1]被服质素[2]。有人货玉带[3]者，弟以称佳，呈旦。旦命系之，问曰："还见佳否？"弟悟，急还之。[4]

注释：

1 王旦：字子明，北宋名相。 2 被服质素：穿着朴素。 3 玉带：饰玉的腰带。 4 弟悟，急还之：《宋史》载此事，弟弟回答说："系在身上了，自己哪能看得见？"王旦说："自己系着这么重的东西，而让旁观的人叫好，何苦呢？"《舌华录》做了删减。

◉ 李中溪[1]无子，恒不乐。其友谓之曰："孔子不以伯鱼传[2]，释迦不以罗睺传[3]，老聃不以子宗传[4]。待嗣而传，三教绝矣[5]。"

注释：

1 李中溪：李元阳，号中溪。明代文学家。 2 孔子不以伯鱼传：孔子的思想学说不靠儿子伯鱼流传下来。 3 释迦不以罗睺传：释迦牟尼的佛法不靠儿子罗睺传下来。 4 老聃不以子宗传：老子的学说不靠儿子子宗流传。老聃，即老子。 5 待嗣而传，三教绝矣：靠儿子来延续，三教都要灭亡了。三教，指儒、释、道。

◉ 孙子荆[1]欲云“枕石漱流[2]”，误曰“漱石枕流”。王武子[3]曰：“流可枕，石可漱乎？”孙曰：“所以枕流，欲洗其耳；所以漱石，欲砺其齿。”

注释：

1 孙子荆：孙楚，字子荆。西晋官员、文学家。 2 枕石漱流：枕山石，漱涧流。指隐居山林的生活。 3 王武子：王济，字武子。西晋名士。

◉ 陈眉公曰：“人生莫如闲，太闲反生恶业[1]；人生莫如清，太清反类俗情。”

注释：

1 恶业：佛教称出于身、口、意三者的坏事、坏话、坏心等。

◉ 殷仲文[1]劝宋武帝[2]蓄妓，曰：“我不解声[3]。”仲文曰：“但蓄，自解。”帝曰：“畏解，故不蓄。”

注释：

1 殷仲文：东晋大臣、诗人。史载其生活奢侈，舆马器服，穷极绮丽。 2 宋武帝：刘裕，南北朝时期的政治家、改革家、军事家。史书称他节俭过人，清简寡欲。 3 不解声：不懂音律。

◉ 王韶之[1]少家贫而好学，尝三日绝粮，执卷不辍。家人诮之曰："困穷如此，何不耕？"王答曰："我常自耕耳。"

注释：

1 王韶之：晋恭帝时任黄门侍郎，领著作郎，擅长书表诏奏，喜好史籍。

◉ 邢子才[1]有书甚多，不甚雠校[2]，尝谓人曰："误书思之[3]，便是一适。"

注释：

1 邢子才：邢邵，字子才。博闻强识，与魏收、温子昇号称"北地三才"。 2 雠校：校勘。 3 误书思之：思考书中的错误。

◉ 蒋性中[1]为给事[2]，归甚清介[3]。忽驾小舟入城，遇潮落，舟不得进。二仆牵挽，蒋自刺船[4]，大为他舟窘辱。二仆厉声曰："此蒋给事，尔无横[5]也。"蒋不欲人知，笑谓曰："渠岂为伊哄耶[6]？"

注释：

1 蒋性中：明代良吏，为官清廉耿介，做人低调，不事张扬。 2 给事：给事中的简称。明代给事中分吏、户、礼、兵、刑、工六科，辅助皇帝处理政务，并监察六部，纠弹官吏。 3 归甚清介：卸任回乡，十分清高耿介。 4 刺船：撑船。 5 横：凶暴无理。 6 渠岂为伊哄耶：他们难道会被你们哄骗吗？渠，他，他们。

◉ 唐宪宗[1]七岁，德宗抱置膝上，戏曰："汝是何人，乃在我怀中？”对曰：“是第三天子。”

注释：

1 唐宪宗：李纯，唐顺宗长子，唐德宗长孙。宪宗勤勉政事，力图中兴，取得元和削藩的巨大成果，重振中央政府的威望，史称“元和中兴”。

◉ 人馈[1]魏武一杯酪，魏武啖[2]少许，盖头上题“合”字，以示众，众莫能解。次至杨修，修便啖，曰：“公教人啖一口也。[3]”

注释：

1 馈：进献。 2 啖：吃。 3 公教人啖一口也：曹公让大家每人吃一口。

◉ 屠长卿[1]曰：“人常想病时，则尘心渐减；人常想死时，则道念自生。”

注释：

1 屠长卿：屠隆，字长卿。明代文学家、戏曲家。

◉ 丘长孺[1]贷资[2]于袁中郎[3]，袁乃解所系带授之。丘有难色[4]，袁笑曰：“尔无求我，我无求带；尔求雅人，我求俗物。尔如何现我面皮[5]？”

注释：

1 丘长孺：丘坦，字长孺。袁宏道的朋友。 2 贷资：借贷。 3 袁中郎：袁宏道，字中郎。明代文学家，“公安派”代表人物，反对泥古，提倡独抒性灵，不拘格套。 4 难色：为难的表情。 5现我面皮：让我丢面子。

◉ 刘忠宣[1]致政[2]，自为寿藏[3]记，取其平生履历刻之石。人曰："后人为公可也。"公曰："恐后人诬我以美名，倘鬼趣异人，岂不怒耶？"

注释：

1刘忠宣：刘大夏，谥忠宣。明代官员，曾任兵部尚书等职。 2致政：即致仕，指官吏退休。 3寿藏：在世时建造的墓圹。

◉ 唐六如[1]画精极，尤佞佛[2]，有诗曰："闲来写幅青山卖，不使人间作业[3]钱。"吴鹿长指诗笑曰："问六如何处买来？"

注释：

1唐六如：唐寅，字伯虎，号六如居士。明朝著名的画家、诗人，为人狂放不羁。 2佞佛：谄媚佛，讨好佛。这里是迷信佛教的意思。 3作业：作孽，造孽。业，罪孽。

◉ 吴因之[1]曰："造谤[2]者甚忙，受谤者甚闲。"

注释：

1吴因之：吴默，字言箴，一字因之。明朝官员。 2造谤：诽谤。

◉ 李崆峒[1]作诗，一句不工[2]，即弃去不录。何大复[3]深惜之，李曰："自家物，终久还来。"

注释：

1 李崆峒：李梦阳，号空同子（亦作崆峒子）。明代文学家。倡言诗文复古，标举汉魏盛唐，强调真情，重视格调，为明代文坛“前七子”之首。 2 工：精巧。 3 何大复：何景明，号大复山人。明代文坛“前七子”之一，与李梦阳并称文坛领袖。

◉ 朱勃[1]年十二，能诵诗书，常候马援兄况[2]。勃衣方领，能矩步[3]，辞言娴雅。援裁[4]知书，见之自失[5]。况知其意，乃自酌酒慰援曰：“朱勃小器速成，智尽此耳。”后勃果劣援[6]。

注释：

1 朱勃：字叔阳，东汉扶风人。 2 常候马援兄况：曾经探望马援的哥哥马况。马援，著名军事家，东汉开国功臣之一，为刘秀统一天下立下了赫赫战功，年迈仍东征西讨，是当时最著名的伏波将军。 3 衣方领，能矩步：衣着齐整，步履端方。 4 裁：才。 5 自失：内心若有所失。 6 后勃果劣援：后来朱勃的成就果然不如马援。马援后来战功赫赫，封侯拜将，而朱勃的职位不过县令。

◉ 杨奇[1]为侍中，汉灵帝[2]问奇曰：“朕何如桓帝[3]？”对曰：“陛下之于桓帝，亦犹虞舜比德唐尧。[4]”帝不悦曰：“卿强项[5]，真杨震[6]子孙。”

注释：

1 杨奇：太尉杨震玄孙。东汉末年官至侍中。 2 汉灵帝：东汉末期皇帝刘宏，谥号孝灵皇帝。施行党锢及宦官政治，卖官鬻爵以供自己享乐，在位晚期爆发了黄巾起义。 3 汉桓帝：东汉皇帝刘志，谥号孝桓皇帝。一生崇尚佛、道，沉湎女色；信任宦官，察举非人，时人讥为“举秀才，不知书；举孝廉，父别居”。东汉王朝从此江河日下，濒于灭亡。 4 陛下之于桓帝，亦犹虞舜比德唐尧：这句话表面上是将汉灵帝等同虞舜，其实是在讥讽汉灵帝和汉桓帝一样昏庸无道。 5 强项：硬脖子，指刚正，不为威武所屈。 6 杨震：东汉名臣。为官正直，不屈权贵，屡次上疏，直言时弊。

◉ 方司徒定之[1]，不好观剧戏[2]，曰：“涂面带须，一悲使人堕泪，一喜使人解颐[3]。此辈本假，世人惑真。”

注释：

1 方司徒定之：方宏静，字定之。明代官员，官至南京户部右侍郎。明代废司徒，但别称户部尚书为大司徒。方定之为户部侍郎，是户部的副长官，也称司徒。 2 剧戏：演戏。 3 解颐：开颜欢笑。

◉ 李卓吾[1]谓耿中丞[2]曰：“世人白昼寐语，公以寐中作白昼语，可谓常惺惺[3]矣。”

注释：

1 李卓吾：李贽，号卓吾。明代著名的思想家、文学家。他以孔孟传统儒学的“异端”自居，反对思想禁锢，辞官后四处讲学，影响很大。 2 耿中丞：耿定向，字在伦。明代官员、学者。
3 常惺惺：佛教用语。指头脑经常或长久保持清醒。

◉ 宋元祐间，黄、秦[1]诸君子在馆，暇日观山谷出李龙眠所作《贤已图》，博弈樗蒲[2]之俦咸列焉。博者六七人，方据一局，投进盆中，五皆六，而一犹旋转不已。一人俯盆疾呼，旁观皆变色起立。纤秾态度，曲尽其妙，相与叹赏，以为卓绝。适东坡从外来，睨之，曰："李龙眠天下士，顾效闽人语耶?"众贤怪请其故。坡曰："四海语音，言'六'皆合口，惟闽音则张口。今盆中皆六，一犹未定，法当呼'六'，而疾呼者，乃张口也。"龙眠闻之，亦笑而服。

注释：

1 黄、秦：指黄庭坚、秦观。 2 博弈樗蒲：赌博。

◉ 祭仲[1]专国政，厉公[2]患之，阴使其婿雍纠欲杀祭仲。女[3]知之，谓其母曰："父与夫孰亲?"母曰："父一而已，人尽夫也。"

注释：

1 祭（Zhài）仲：祭足，字仲。春秋时期郑国大夫，政治家、谋略家。 2 厉公：郑厉公，春秋时期郑国国君。 3 女：指祭仲的女儿。

◉ 桓宣武[1]常[2]谓孟万年[3]："听妓，丝[4]不如竹[5]，竹不如肉[6]，何也?"孟答曰："渐近自然。"

注释：

1 桓宣武：桓温，谥号宣武。东晋权臣、军事家。 2 常：尝，曾经。 3 孟万年：孟嘉，字万年。东晋时期名士，著名田园诗人陶渊明的外祖父。 4 丝：弦乐器。 5 竹：竹制管乐器。 6 肉：指从口中发出的歌声，相对乐器之声而言。

［明］张路《苏轼回翰林院图》（局部）

［北宋］乔仲常《后赤壁赋图》（局部）

◉ 赵母嫁女，临嫁，敕[1]之曰："慎勿为好[2]。"女曰："不为好，可为恶乎？"母曰："好尚不可为，况恶乎？[3]"

注释：

1 敕：告诫。 2 慎勿为好：小心谨慎，不要做好事、立好名。 3 好尚不可为，况恶乎：赵母的意思是，为善容易招人嫉妒，为恶容易招人记恨，因此既不能为善也不能为恶，这是中庸思想的体现。

◉ 钟士季[1]精有才理[2]，先不识嵇康[3]，钟要[4]于时贤俊之士，俱往寻康。康方大树下锻[5]，向子期[6]为佐[7]鼓排[8]。康扬槌不辍[9]，傍若无人，移时不交一言。钟起去。康曰："何所闻而来？何所见而去？"钟曰："闻所闻而来，见所见而去。"

注释：

1 钟士季：钟会，字士季。三国时期魏国名将、书法家。 2 精有才理：精通名理，很有才情。 3 嵇康：字叔夜。三国时期魏国著名思想家、音乐家、文学家，主张"越名教而任自然"，为"竹林七贤"之一。 4 要：邀请。 5 锻：指锻铁。 6 向子期：向秀，字子期。"竹林七贤"之一。 7 为佐：辅助，当副手。 8 鼓排：拉风箱。 9 扬槌不辍：挥动槌不停止。

◉ 顾长康[1]啖[2]甘蔗，先食尾。人问所以，顾曰："渐入佳境。"

注释：

1 顾长康：顾恺之，字长康。博学有才气，当时人称三绝：才绝、画绝、痴绝。 2 啖：吃。

◉ 王荆公尝问张文定：“孔子去世百年而生孟子，自后绝无人，何也？”文定言：“岂无？只有过[1]孔子者。”公问是谁。文定言：“江西马大师、汾阳无业、雪峰、岩头、丹霞、云门[2]是也。”公问何谓[3]，文定曰：“儒门淡薄，收拾不住耳[4]。”荆公欣然叹服。

注释：

1 过：超出。 2 江西马大师、汾阳无业、雪峰、岩头、丹霞、云门：这些都是唐代以来的高僧大德。江西马大师，指唐代道一禅师，俗姓马，人称马祖道一，他是禅宗最主要宗派洪州宗的祖师。汾阳无业，马祖道一禅师的法嗣。雪峰，指唐末福建禅师雪峰义存。岩头，指鄂州岩头全奯禅师。丹霞，指丹霞天然禅师。云门，指云门文偃禅师。 3 何谓：什么意思。 4 儒门淡薄，收拾不住耳：这句话的意思是，唐代以来，传统儒学衰落，不能吸纳收拢人才，有大智慧的人都出在佛门。

◉ 庄子与惠子游于濠梁[1]之上。庄子曰：“鲦鱼出游从容，是鱼乐也。”惠子曰：“子非鱼，安知鱼之乐？”庄子曰：“子非我，安知我不知鱼之乐？”惠子曰：“我非子，故不知子矣；子固非鱼也，子不知鱼之乐全矣。”庄子曰：“我知之濠上也。”

注释：

1 濠梁：濠，古水名。梁，桥梁。

◉ 孟敏[1]尝至市贸甑[2]，荷担堕地，坏之，径去不顾。适遇郭林宗[3]，见而异之，因问曰：“坏甑可惜，何以不顾[4]？”孟曰：“甑已破矣，顾之何益？”

注释：

1 孟敏：字叔达，东汉巨鹿人。 2 甑：蒸饭的瓦器。 3 郭林宗：郭泰，字林宗。东汉名士。 4 顾：看。

◉ 章子厚[1]与苏子瞻[2]少为莫逆交[3]。子厚坦腹[4]卧，适子瞻自外来，子厚摩其腹以问曰："公道此中何所有？"子瞻曰："都是谋反底家事。"子厚大笑。

注释：

1 章子厚：章惇，字子厚。北宋著名政治家、文学家、书法家。 2 苏子瞻：苏轼，字子瞻，号东坡居士。北宋著名文学家、书法家。 3 莫逆交：指非常要好或情投意合的朋友。 4 坦腹：坦露胸腹。

◉ 明道、伊川兄弟[1]同赴一宴，颐[2]见坐中妓，即拂衣去，独明道与饮尽欢。明日，明道过伊川斋，伊川犹有怒色，明道笑曰："昨日本有，心上却无；今日本无，心上却有。[3]"

注释：

1 明道、伊川兄弟：指程颢、程颐兄弟。程颢字伯淳，又称明道先生。程颐字正叔，又称伊川先生。宋明理学的奠基者，世称"二程"。 2 颐：指程颐，即上文的伊川。 3 昨日本有，心上却无；今日本无，心上却有：这句话的意思是，昨天本来有妓，但我心里却没有；今天本来没有妓，你心里却还有。

◉ 陈孝廉[1]琮，构别墅于邑北之累累地[2]。或造琮[3]，颦蹙[4]曰："目中日日见此，定不乐。"陈曰："日日见此，不敢不乐。"

注释：

1 孝廉：孝，指孝悌者；廉，清廉之士。分别为统治阶级选拔人才的科目。明清两代称举人为孝廉。 2 邑北之累累地：城北的墓地。 3 或造琮：有人探访陈琮。 4 颦蹙：皱眉皱额，比喻忧愁不乐。

◉ 我太祖[1]祀历代帝王庙，才举爵[2]，见元世祖[3]像泪出。太祖笑曰："我得中原之所固有，尔失漠北之所本无，复何憾？"像泪寻[4]止。

注释：

1 我太祖：指明太祖朱元璋。 2 爵：古代饮酒的器皿，三足。 3 元世祖：指孛儿只斤·忽必烈，元朝开国皇帝。 4 寻：不久。

◉ 一士从王阳明学，初闻良知[1]，不解，卒然[2]起问曰："良知何物，黑耶？白耶？"群弟子哑然失笑，士惭而赧[3]。先生徐曰："良知非白非黑，其色正赤。"

注释：

1 良知：儒家认为人类先天具有的道德意识。"良知"是王阳明心学的重要概念，他认为"知善知恶是良知"。 2 卒然：突然。3 赧：因惭愧而脸红。

◉ 潘景升家富巨万，皆为客尽。其弟辈皆风[1]之曰："吾兄如此，除是银山，裁得相副[2]。"其第四弟稚恭笑曰："银山何能济，除是银水耳[3]。"

注释：

1 风：讽刺。 2 裁得相副：才能与他相配，才够他花销。3 银山何能济，除是银水耳：这句话的意思是，银山也不济事，也会被挖空，除非是源源不断的银水。

◉ 郭进[1]治第[2]方成，聚族人宾客落之，下至土木之工，皆与宴。设诸工之座于东庑[3]，人咸[4]曰："诸子安得与诸工齿[5]？"进指诸工曰："此造宅者。"又指诸子曰："此卖宅者，故宜坐造宅者下。"

注释：

1 郭进：五代末年至北宋初年将领。 2 治第：营造宅第。 3 庑：堂下周围的走廊、廊屋。 4 咸：都。 5 齿：并列。

◉ 吴给事女敏慧，后归陈子朝[1]。陈惑一妾，遂染风疾[2]。一日，亲戚来问，吴指妾曰："此风之始也[3]。"

注释：

1 归陈子朝：嫁给陈子朝。古代女子出嫁称为"归"。 2 风疾：指风痹、半身不遂等症。 3 此风之始也：这句话一语双关，语带讥讽，似褒实贬。一层意思与《诗经》有关，《诗经》分为"风、雅、颂"三部分，古人认为，《诗经》首篇《关雎》颂扬"后妃之德"，是"风之始也，所以风天下而正夫妇也"。真正意思则指小妾是陈子朝感染风疾的原因。

◉ 叶丞相衡[1]，罢归金华，日与布衣[2]友还往。公忽染疾不怿[3]，谓客曰："某且死[4]，不知死后佳不？"客答曰："佳甚。"公问何以知，客曰：“使[5]死而不佳，死者当逃归耳。”

注释：

1叶丞相衡：叶衡，字梦锡，南宋孝宗朝丞相。 2布衣：平民百姓。古代平民不能穿锦绣，因此称为“布衣”。 3怿：喜悦。 4某且死：我将要死。某，古人自称。且，将要。 5使：假若，假使。

◉ 徐月英，唐江淮间名娼也。有徐公子者，宠一营妓[1]，死而焚之。月英送葬，谓徐曰：“此娘平生风流，殁犹带焰[2]。”

注释：

1营妓：古代军中的官妓。 2焰：与“艳”谐音，一语双关。

名语第二

吴苑曰：名者，铭也，所谓不磨之语，以垂则后世，非含仁啖义之口不能道。然垂世之法，宜经不宜权，此可以励常姿，不可以笼上智，是世间一种攻补至药，第于慧小差。次名语第二。

◉ 苏琼[1]谒东荆州刺史曹芝，芝戏曰："卿欲官不？"答曰："设官求人，非人求官。"芝异其对，署[2]为参军[3]。

注释：

1 苏琼：北魏时官员。他为官廉洁自守，从不接受馈赠，连瓜果也不例外，有"苏琼悬瓜"的逸事流传。 2 署：代理、暂任或试充官职。 3 参军：官名。东汉末开始有"参某某军事"的名义，谓参谋军事，简称"参军"。晋以后军府和王国始置为官员。

◉ 邢子才云："岂有松、柏后身[1]化为樗、栎[2]。"

注释：

1 后身：佛教有"三世"的说法，称转世之身为"后身"。
2 樗、栎：无用的木材，比喻才能低下的人。

◉ 韦敻[1]子瓘行随州刺史，因疾物故[2]。凶问至，家人相对悲恸，而敻神色自若，谓之曰："死生，命也，去来常事，亦何足悲？"

注释：

1 韦夐：北周时学者。他清高淡泊，隐居不仕，被称为“逍遥公”。 2 物故：亡故，去世。

◉ 庞公[1]隐居岘山[2]之南，未尝入城市。荆州刺史刘表往候之，问曰：“先生苦居畎田，而不肯官禄，后世何以遗子孙？”公曰：“世人皆遗之以危，余独遗之以安。”刘不能屈。

注释：

1 庞公：即庞德公，东汉末年名士。曾称诸葛亮为“卧龙”，庞统为“凤雏”，司马徽为“水镜”，被誉为知人。司马徽敬重庞德公，称他为“庞公”，“庞公”之名由此而来。 2 岘山：指襄阳岘山，是一座历史文化名山。

◉ 王敬弘[1]未尝教子孙学问，各随所欲。人问之，答曰：“丹朱不应乏教，宁越不闻被棰。[2]”

注释：

1 王敬弘：王裕之，字敬弘。南朝宋大臣。 2 丹朱不应乏教，宁越不闻被棰：丹朱应该不缺少教育，宁越也没听说过挨棍棒。意思是子孙是否成才不是靠父母强行训导的。丹朱，尧的长子。相传尧知丹朱不肖，不足以授天下。宁越，战国时人，家里世代种田为生，但他发愤读书，苦读十五年而有所成。

◉ 吴鹿长与诸友闲谈天下名士，及某某等，吴曰：“云间陈眉公，以艺藏道，吾敬其道；毗陵刘少白，以道藏艺，吾敬其艺。天下名士，不难于知显，而难于知隐。”或笑曰：“如沙宛在[1]以慧藏痴，人爱其慧，君爱其痴，是亦一道也。”吴亦肯服。

注释：

1 沙宛在：明代歌妓。善弦管，工诗书。

◉ 西山先生[1]问傅景仁以作文之法，傅云：“长袖善舞，多财善贾。”西山由此务读。

注释：

1 西山先生：真德秀，南宋后期理学家，号西山。

◉ 张湛[1]舍室修整，虽遇妻子，如严君[2]，人谓湛诈善耳。湛曰：“人皆诈恶，我独诈善，何伤乎？”

注释：

1 张湛：东汉大臣，以端庄严肃、崇尚礼节著称。 2 严君：父亲。

◉ 陈婴[1]者，东阳人。少修德行，著称乡里。秦末大乱，东阳人欲奉婴为主，母曰：“不可。自我为汝家妇，少见贫贱，一旦富贵，不祥。不如以兵属[2]人，事成，少受其利；不成，祸有所归。”

注释：

1 陈婴：秦末东阳县令史。为反抗暴秦统治，东阳少年杀了县令，欲立陈婴为首领，遭陈母反对。 2 属：交付。

◉ 王黄门[1]兄弟三人俱诣谢公[2]，子猷、子重多说俗事，子敬寒温[3]而已。既出，坐客问谢公："向三贤孰愈？"谢公曰："小者[4]最胜。"客曰："何以知之？"谢公曰："吉人之辞寡[5]。"

注释：

1 王黄门：王徽之，即王子猷，曾担任黄门侍郎之职，故称。 2 谢公：指谢安。 3 寒温：指问候冷暖起居。 4 小者：指子敬，即王献之。 5 吉人之辞寡：语出《周易·系辞下》。吉人，贤良的人。辞寡，话少。

◉ 庾公为护军，属桓廷尉觅一佳吏。乃经年，桓后遇见徐宁而知之，遂致于庾公，曰："人所应有，其不必有；人所应无，己不必无。真海岱清士。"

◉ 司马公[1]与子瞻[2]论茶墨俱香，云茶与墨二者正相反：茶欲白，墨欲黑；茶欲重，墨欲轻；茶欲新，墨欲陈。

注释：

1 司马公：指司马光。 2 子瞻：指苏轼。

◉ 陈眉公曰："放得俗人心下，方可为丈夫；放得丈夫心下，方名为仙佛；放得仙佛心下，方名为得道。"

◉ 陈眉公曰："男子有德便是才，女子无才便是德。"

◉ 刘禹锡曰："季龙[1]挟弹弹人[2]，其父怒之。其母曰：'健犊须走车破辕，良马须逸鞅泛驾[3]，然后能负重致远大。童稚不奇不慧，必非异器。'"

注释：

1 季龙：石虎，字季龙，后赵明帝石勒堂侄，废杀石勒之子而称帝，为后赵武帝。 2 挟弹弹人：用弹弓弹人。 3 健犊须走车破辕，良马须逸鞅泛驾：强健的小牛拉车时必定会拉断辕木，骏马一定要松开脖子上的皮套让它自在驰骋。

◉ 吴苑曰："清雅之士非不佳，嫌其太矫；粗狂之士非不恶，喜其露真。若使清而不矫，真而不粗，非惟越俗名流，实是世间能士。"

◉ 范忠宣公[1]亲族间子弟，有请教于公者，公曰："惟俭可以助廉，惟恕可以成德。"

注释：

1 范忠宣公：范纯仁，谥忠宣，范仲淹次子。北宋大臣，为人廉洁勤俭，平易宽厚，人称"布衣宰相"。

◉ 鲁宗道[1]为谕德[2]，往往易服微行，饮于酒肆。一日，真宗急召公，将有所问。使者反复于肆间得之，与公谋曰："上若怪公来迟，当托何事？"公曰："但以告实。"使者曰："然则恐得罪。"公曰："饮酒，人之常情；欺君，臣之大罪。"使者叹服。

注释：

1 鲁宗道：字贯之，北宋官员。 2 谕德：官名。掌管侍从赞谕。

◉ 李文靖公沆[1]为相，沉正厚重，无所革易[2]。尝曰："吾为相，无他能，惟不改朝廷法度，用此以报国耳。"

注释：

1 李文靖公沆：李沆，谥号文靖。北宋时期名相、文学家。
2 革易：革除改变。

◉ 马援落魄陇汉间，常谓宾客曰："大丈夫为志，穷当益坚，老当益壮。"

◉ 陈仲微[1]云："禄饵可以钓天下之中才，而不可啖尝天下之豪杰；名船可以载天下之猥士，而不可陆沉[2]天下之英雄。"

注释：

1 陈仲微：南宋官员。为官刚直，曾因忤逆权相贾似道而被弹劾。 2 陆沉：陆地无水而沉。比喻人才埋没，不为人知。

◉ 项羽入关后，谓人曰："富贵不归故乡，如着锦衣夜行耳。"

◉ 唐李邕[1]为左拾遗[2]，俄而御史中丞宋璟[3]奏张昌宗兄弟[4]有不顺之言，请付发断。则天初不应，邕在陛下[5]应曰："璟言事关社稷，望陛下可其奏。"则天色解[6]。既出，或谓曰："子名位尚卑，若不称旨，祸将不测。"邕曰："不颠不狂，其名不张[7]。"

注释：

1 李邕：唐代官员，著名书法家。 2 拾遗：唐代谏官名。
3 宋璟：唐代名相。 4 张昌宗兄弟：指张昌宗、张易之，武则天的男宠。 5 陛下：帝王宫殿的台阶之下。 6 色解：脸色舒展。 7 张：张扬，彰显。

◉ 屠纬真曰："荆扉才杜，[1]便逢客过扫门；饭箩一空，辄有人求誉墓。万事从来是命，一毫夫岂由人？"

注释：

1 荆扉才杜：柴门才关上。

◉ 高郢[1]为中书舍人[2]九年，家无制草[3]。或问曰："前辈皆有制集，焚之何也？"答曰："王言不可存于私家。"

注释：

1 高郢：唐代官员。 2 中书舍人：官职名，负责起草诏令。3 制草：诏令的文稿。

◉ 盖宽饶[1]曰："富贵如传舍[2]，惟谨慎可得久居。"

注释：

1 盖宽饶：西汉官员。为官刚直奉公，正色立朝，因为直言进谏而被免官，不愿受辱而当廷自杀。 2 传舍：古时候供行人休息住宿的处所。

◉ 刘忠宣[1]教子读书兼力农[2]，尝督耕雨中，告人曰："习勤忘劳，习逸成惰；困之息之，息之困之。[3]"

注释：

1 刘忠宣：刘大夏，字时雍，谥忠宣。明代大臣。 2 力农：致力于农事。 3 困之息之，息之困之：干活累了就休息，休息好了再接着劳作。

◉ 万士亨、士和[1]举进士，将之官，其父戒之曰："愿尔辈为好人，不愿尔辈为好官。"

注释：

1 万士亨、士和：明代江苏宜兴人，兄弟二人同科中进士。

◉ 虞谦[1]为大理寺[2]卿，谳狱[3]每加详慎，必得其平。尝谓人曰："彼无憾，我无憾矣。"

注释：

1 虞谦：明初大臣。 2 大理寺：掌管刑狱的官署。 3 谳狱：审理诉讼，审问案情。

◉ 杨震[1]为涿州太守，性公廉，不受私谒[2]，子孙常蔬食步行。故旧长者，或欲令为开产[3]，震不肯，曰："使后世称为清白吏子孙，以此遗之，不亦厚乎？"

注释：

1 杨震：字伯起，东汉名臣。他为官正直，不屈权贵；通晓经籍，博览群书，被称为"关西孔子杨伯起"。 2 私谒：因私事而请托。 3 开产：置办产业。

◉ 王谌[1]荐种暠[2]于河南尹田歆，谓歆曰："为尹得孝廉矣，近洛阳门下史[3]也。"歆笑曰："当得山泽隐滞[4]，乃洛阳吏耶？"谌曰："山泽未必有异士，异士未必在山泽。"

注释：

1 王谌：东汉人，下文田歆的外甥。 2 种暠：东汉官员。

3 门下史：汉代州郡长官自己选荐的属吏。因常居门下，故称。
4 山泽隐滞：指在山泽隐居不仕的高人。

◉ 汉明帝[1]谓东平王苍[2]曰："天下何事为乐？"对曰："为善最乐。"

注释：

1 汉明帝：东汉第二位皇帝刘庄。在位期间，政治清明，社会安定。 2 东平王苍：汉明帝刘庄同母弟弟刘苍。受封为东平公，后进封为东平王。

◉ 顾司马益卿[1]云："与其结新知，不如敦[2]旧好；与其施新恩，不如还旧债。"

注释：

1 顾司马益卿：顾养斋，字益卿，明代官员，任职司马。
2 敦：重视，加强。

◉ 马援初处田牧间，至有牛马羊数千头，谷数万斛[1]。既而叹曰："凡殖货[2]财产，贵其能施赈[3]也，否则守钱虏耳。"

注释：

1 斛：古代量器单位，一斛为十斗，后改为五斗。 2 殖货：增殖财货。 3 施赈：施舍财物救济贫民或灾民。

◉ 陈眉公曰："士人当使王公[1]闻名多而识面少；宁使王公讶其不来，勿使王公厌其不去。"

注释：

1 王公：王公贵族，达官贵人。

◉ 薛道衡[1]聘陈[2]，作《人日》诗云“入春才七日，离家已二年”，南人嗤曰：“是底言，谁谓此虏解作诗？”及云“人归落雁后，思发在花前”，乃喜曰：“名下固无虚士。”

注释：

1 薛道衡：历仕北齐、北周、隋三朝，著名诗人。 2 聘陈：访问陈朝。

◉ 闵文休狂放嗜酒，素不喜与道学场。人有强[1]之者，则曰：“吟诗劣于讲学，骂座[2]恶于足恭[3]。两而揆[4]之，宁为薄行[5]狂夫，不作厚颜君子。”

注释：

1 强：勉强。 2 骂座：谩骂同座的人。 3 足恭：过度谦敬，以取媚于人。 4 揆：揆度，估量。 5 薄行：品行不端，轻薄无行。

◉ 卫玠为性通恕[1]，常自戒曰：“人之不逮，可以情恕；非意相干，可以理遣。[2]”

注释：

1 通恕：豁达宽厚。 2 人之不逮，可以情恕；非意相干，可以理遣：别人有过错，可以以情相恕；别人的无意冒犯，可以以理排遣。成语“情恕理遣”来源于此。

◉ 欧阳文忠公[1]尝言曰："观人题壁，便识文章。"

注释：

1 欧阳文忠公：欧阳修，谥号文忠，世称欧阳文忠公。

◉ 齐王晞[1]为孝昭[2]待遇深厚，而晞每自疏退[3]，谓人曰："非不爱热官，但思其烂熟耳。"

注释：

1 王晞：历仕北魏、北齐、北周、隋四朝。 2 孝昭：孝昭帝高演，北齐第三任皇帝。 3 疏退：疏远谦退。

◉ 谢玄晖[1]好奖[2]人才。会稽孔闿粗有文章，未为时人所知。孔稚圭[3]常令草[4]让表[5]以示玄晖。玄晖嗟叹良久，自折简写之，语稚圭曰："是子声名未立，应共奖成，无惜齿牙余论[6]。"

注释：

1 谢玄晖：谢朓，字玄晖。南朝齐杰出的山水诗人。 2 奖：奖掖，称许。 3 孔稚圭：南朝齐骈文家。 4 草：草拟，起草。 5 让表：辞让官职的表章。 6 无惜齿牙余论：不要吝惜随口称赞的话。

◉ 陆慧晓[1]为晋熙王[2]长史[3]，僚佐[4]造见，必起送之。或语云："长史贵重，不宜妄自谦屈。"陆曰："我性恶人无礼，不容不以礼处人。"

注释：

1 陆慧晓：字叔明，南朝齐吴郡人。 2 晋熙王：萧銶，南朝齐高帝萧道成第十八子，齐武帝萧赜之弟。封晋熙王。 3长史：官职名。起于秦朝，到魏晋南北朝时，王府设有长史，诸王幼年出就藩国，州府之事即由长史代行。 4僚佐：属官。

◉ 魏佛助[1]盛誉卢思道[2]，以卢询祖[3]为不及。询祖曰："见未能高飞者，借其羽毛；知逸势冲天者，剪其翅翮。"

注释：

1魏佛助：魏收，字伯起，小字佛助。北齐史学家、文学家。 2卢思道：北齐诗人。 3卢询祖：卢恭道之子，文章华靡，自负其才，好臧否人物。

◉ 唐天后[1]尝召徐有功[2]责之曰："公比[3]断狱[4]多失出[5]，何也？"有功答曰："失出，臣小过；好生，陛下大德。"

注释：

1唐天后：指武则天。 2徐有功：徐宏敏，字有功。武后时为侍御史，掌刑狱，为官清正廉明。 3比：近来。 4断狱：审理和判决案件。 5失出：重罪轻判，或应判刑而未判刑。

◉ 许子将[1]尝到颍川，多长者之游，唯不诣陈仲弓[2]。又陈仲举[3]妻丧还葬，乡人俱至，许独不至。或问其故，子将曰："太丘道广，广则难周[4]；仲举性峻，峻则少通[5]。故不造[6]也。"

注释：

1许子将：许劭，字子将。东汉末年著名人物评论家。据说他每月都要对当时人物进行一次品评，人称为"月旦评"。无论是谁，一经其品题，便身价百倍，传为美谈。 2陈仲弓：陈寔，字仲弓，东汉颍川许县人。有德行，声望很高。曾为太丘长，也被称为陈太丘。下文的“太丘”指的就是他。 3 陈仲举：陈蕃，字仲举。东汉时期名臣。 4 太丘道广，广则难周：陈仲弓很有名望，交游甚广，难以周全。 5 仲举性峻，峻则少通：陈仲举为政严峻，吏民敬畏，不够通达。 6 造：去，拜访。

◉ 齐太祖[1]奇爱张思光[2]，时与款接[3]，笑曰：“此人不可无一，不可有二。”

注释：

1 齐太祖：即萧道成，南朝齐开国皇帝。 2 张思光：张融，字思光。南朝齐文学家。其形貌短丑，行止与众异，善言谈，少时即有声誉。 3 款接：结交，交往。

◉ 向子平[1]读《易》，至损、益卦[2]，喟然叹曰：“吾已知富不如贫，贵不如贱，但不知死生何如耳。”

注释：

1 向子平：向长，字子平。东汉名士。他隐居不仕，通《老子》《易经》。 2 损、益卦：分别是《易经》六十四卦中的第四十一、四十二卦。

◉ 陈眉公曰：“朝廷大奸不可不攻，朋友小过不可不容。容大奸必乱天下，攻小过则无全人。”

◉ 陈眉公曰：“小儿辈不当以世事分读书[1]，当令以读书通世事[2]。”

注释：

1 以世事分读书：为世俗之事分散读书的精力。 2 以读书通世事：通过读书来洞明世事。

◉ 陈眉公曰："做秀才，如处子，要怕人；既入仕，如媳妇，要养人；归林下，如阿婆，要教人。"

◉ 陈眉公曰："有一言而伤天地之和，一事而折终身之福者，切须检点。"

◉ 胡居仁[1]家贫甚，鹑衣箪食[2]，尚不继。或为之虑，胡曰："身已闰义，屋已闰书[3]。大处足矣，不必琐求。"

注释：

1 胡居仁：明朝理学家。 2 鹑衣箪食：鹑衣，破烂的衣服；箪食，犹蔬食。指家境贫寒 3 身已闰义，屋已闰书：自身已经通晓道义，屋子里已经装满了书籍。表达了君子忧道不忧贫的情怀。

◉ 邵文庄[1]云："宁为真士夫，不为假道学。"

注释：

1 邵文庄：邵宝，明代官员，卒赠太子太保，谥文庄。

◉ 梁王、赵王[1]，国之近属，贵重当时。裴令公[2]岁请二国租钱数百万，以恤中表[3]之贫者。或讥之曰："何以乞物行惠？"裴曰："损有余补不足，天之道也。"

注释：

1 梁王、赵王：指司马懿的第八子司马肜、第九子司马伦，晋武帝时分别被封为梁王和赵王。 2 裴令公：裴楷，西晋大臣、名士。曾任中书令，故称。 3 中表：里和外。

◉ 陈眉公曰："后生辈，胸中落'意气'两字，则交游定不得力；落'骚雅'二字，则读书定不深心。"

◉ 陈眉公曰："看中人[1]，看其大处不走作[2]；看豪杰，看其小处不渗漏[3]。"

注释：

1 中人：中等水平的人。 2 走作：偏离规矩。 3 渗漏：指言行上的破绽。

◉ 罗远游曰："大豪杰用心，恩处难知，怨处易指；琐琐君子，行藏[1]反是。"

注释：

1 行藏：出处或行止。这里指为人处世。

◉ 费文宪公[1]云："观书当如酷吏断狱，用意深刻，而后能日知其所无；记书当如勇将决胜，焚舟沉甑，而后能月无忘其所能。"

注释：

1 费文宪公：费宏，明朝状元、内阁首辅。谥文宪。

◉ 南杨[1]在内阁，其子来京师，所过州县，无不馈遗，惟江陵令范理不为礼。公异之，荐为德安守。或劝当致书谢，范曰："宰相为朝廷用人，太守为朝廷捧命，一杨一范，私面何关？"

注释：

1 南杨：指明代杨溥。明代杨士奇、杨荣、杨溥三人先后位至台阁重臣，人称"三杨"。其中士奇为"西杨"、荣为"东杨"、溥为"南杨"。

◉ 陈继儒曰："待富人不难有礼，而难有体；待贫人不难有恩，而又难有礼。"

◉ 吴燕孺曰："须眉之士在世，宁使乡里小儿怒骂，不当使乡里小儿见怜。"

◉ 潘切叔[1]虽轻诺少恒[2]，于友道实笃。或有受潘大恩，不能报，反谤之者。人风潘曰："君非圣人，安得以平报怨？"潘曰："不然，吾安肯以怜人既错之目，复睨此自愧欲死之人？"闻者叹服。

注释：

1 潘切叔：明代文人。 2 轻诺少恒：轻易许诺，缺少恒心。

豪语第三

吴苑曰：圣人尽而豪士出，圣人具德，豪士具才，此大略言也，盖世间才士未有不豪者。五官六府，皆奇英之所灌溉，每喘一息，吐一语，几塞天地，虽过之者不无七八，而副之者亦有二三。故圣人既隐之后，不如此辈之强且干也。况志一不成，即视身如芥，慷慨之语，何其壮哉！嗟乎！波流宇宙，岂少此乎？乃次豪语第三。

◉ 荀中郎[1]在京口[2]，登北固[3]望海，云："虽未睹三山[4]，便自使人有凌云意。若秦、汉之君，必当褰裳濡足[5]。"

注释：

1 荀中郎：荀羡，荀彧的六世孙。少年时即有大志，二十八岁即官至北中郎将，世称"荀中郎"。 2 京口：古城名。在今江苏镇江市。 3 北固：山名。在今江苏省镇江市东北，有南、中、北三峰。北峰三面临江，形势险要，故称"北固"。 4 三山：指方丈、蓬莱、瀛洲，是传说中的海上三神山。 5 褰裳濡足：提起衣角，打湿双脚。

◉ 石崇[1]每与王敦[2]入学嬉，见颜、原[3]像而叹曰："若与同升孔堂，何必去人有间？[4]"王曰："不知余人云何，子贡去卿差近。[5]"石正色曰："士当令身名俱泰，何至以瓮牖语人！[6]"

注释：

1 石崇：西晋时期文学家、富豪，“金谷二十四友”之一。2 王敦：东晋丞相王导的堂兄，曾与王导一同协助司马睿建立东晋政权，成为当时权臣。 3 颜、原：指颜回和原宪，都是孔子的得意门生。 4 若与同升孔堂，何必去人有间：如果我和他们一起在孔子门下做弟子，怎么会比他们差呢？ 5 不知余人云何，子贡去卿差近：不知道其他人怎么样，子贡和你差不多。子贡是孔子弟子中最富有的，石崇也以豪奢闻名，因此王敦说他们相近。 6 士当令身名俱泰，何至以瓮牖语人：读书人本就应当让自己利禄亨通，功名显赫，怎么能拿原宪那样蓬户瓮牖的窘况向人宣扬！瓮牖，以破瓮为窗，指生活贫寒。原宪就以瓮为牖。

◉ 赵温子柔[1]，京兆人，为郡丞，叹曰：“大丈夫当为雄飞，焉能雌伏！”遂弃官去。

注释：

1 赵温子柔：赵温，字子柔。东汉时官员。

◉ 仪真王维宁，善诗赋，草书尤精绝。家资巨万，性豪侈，嗜酒。每日宴客，续至者常增数席。人或劝其后计[1]，王曰：“丈夫在世当用财，岂为财用？”及业[2]尽，不能自存，犹好酒不已。人又劝其耕砚[3]可以自给，曰：“吾学书，岂为口耶？”一日，无酒，不能耐，出步江上，见落日射水粼粼，大喜曰：“此中有佳处，龙宫贝阙，或可乐吾也。”遂跃入死焉。

注释：

1 后计：为以后长久考虑。 2 业：家业，家产。 3 耕砚：卖字。

◉ 艺祖[1]将北征，京师喧言欲立点检[2]为天子。太祖告其家曰："外间汹汹，将若之何？"时太祖姊在厨下，举面杖击之，曰："丈夫临事，可不当自决，乃来家恐怖妇女耶！"

注释：

1 艺祖：有文德才艺的祖先，亦为历代太祖之通称。这里指宋太祖赵匡胤。 2 点检：指赵匡胤。后周世宗柴荣临终前，任命赵匡胤为殿前都点检，掌管殿前禁军。

◉ 杨纂[1]每云："丈夫富贵，何必故乡？以妻子经怀，岂不沮人雄志？"

注释：

1 杨纂：北魏末年，跟随齐神武帝高欢在信都起兵，有军功，被封为安西将军、武州刺史。

◉ 宗少文[1]问侄悫[2]曰："若志何若[3]？"悫对曰："愿乘长风，破万里巨浪。"

注释：

1 宗少文：宗炳，字少文。南朝宋画家。 2 悫：指宗少文的侄子宗悫。从小志向远大，后成为赫赫有名的大将军。 3 若志何若：你的志向怎样。

◉ 石崇每要[1]客宴集，常令美人行酒。客饮酒不尽者，使黄门[2]交斩美人。王丞相导，与大将军[3]尝共诣崇。丞相素不善饮，辄自勉强，至于沉醉。每至大将军，固不饮，以观其变，已斩三人，第四姬奉酒，形色战恐，尚不饮如故。丞相让[4]之，大将军曰：“彼自杀伊家人，何预卿事！”

注释：

1要：同“邀”，约请。 2黄门：指宦官。 3大将军：指王敦。 4让：责备。

◉ 胡总制[1]驻军海上，观海波汹涌，旷然自得。忽云尽山出，颦蹙[2]呼曰：“宇宙已自局人，又何用彼山挠此万里长浪？[3]”

注释：

1胡总制：指明代抗倭名将胡宗宪。 2颦蹙：皱眉蹙额，比喻忧愁不乐。 3宇宙已自局人，又何用彼山挠此万里长浪：宇宙已经使人拘束，又何必再生出那些山来，阻挠这万里巨浪呢？

◉ 嵇中散[1]灯下弹琴，有一人入其室，初时犹小，斯须转大，遂长丈余，颜色甚黑，单衣草带，不复似人。嵇熟视良久，乃吹灭灯曰：“耻与魑魅[2]争光。”

注释：

1嵇中散：指嵇康，他曾任中散大夫之职，因此被称为嵇中散。 2魑魅：古时候指能害人的山泽神怪，也泛指鬼怪。

◉ 李太白登华山落雁峰，曰：“此山最高，呼吸之间，可通帝座。恨不携谢朓[1]惊人语来，搔首问青天耳。”

注释：

1谢朓：南朝齐杰出的山水诗人，诗风清新秀丽，为李白所推崇。

◉ 澹台子羽[1]赍[2]千金之璧渡河，阳侯[3]波起，两蛟夹舟。子羽曰：“吾可以义求，不可以威劫[4]。”操剑斩蛟，蛟死，波休，乃投璧于河[5]。

注释：

1 澹台子羽：复姓澹台，名灭明，字子羽。孔子弟子。 2 赍：带着。 3 阳侯：传说中的波涛之神。 4 吾可以义求，不可以威劫：我的东西可以用正当的方式求取，不能用武力劫取。 5 投璧于河：把璧投入河中，显示不吝惜璧玉。

◉ 梁竦[1]生长京师，不乐本土，自负其才，郁郁不得意。尝登高望远，叹息言曰：“大丈夫居世，生当封侯，死当庙食[2]；不然，闲居可以养志，诗书足以自娱。州郡之职，徒劳人耳。”

注释：

1 梁竦：东汉文学家。 2 庙食：死后立庙，受人奉祀，享受祭飨。

◉ 王融[1]行过朱雀航[2]，闻人争路，乃推车壁曰：“车中岂可无七尺，车前岂可无八驺！[3]”

注释：

1 王融：南朝齐文学家，“竟陵八友”之一。 2 朱雀航：浮桥名，又称大航、朱雀桁、朱雀桥。是六朝时秦淮河上二十四航（浮桥）中最大的一座，因在朱雀门外，故名。 3 车中岂可无七尺，车前岂可无八驺：车中怎能没有七尺男儿，车前怎能没有八人开路！八驺，古代贵官出行，有八人骑马开路，称为“八驺”。

◉ 来护儿[1]幼卓荦[2]，读书至“击鼓其堂，踊跃用兵[3]”“羔裘豹饰，孔武有力[4]”时，舍书叹曰：“大丈夫在世当如是，会为国灭贼，以取功名，安能区区事砚乎！”

注释：

1 来护儿：隋朝名将。曾三征高句丽，官至左翊卫大将军。2 卓荦：超绝出众。 3 击鼓其堂，踊跃用兵：出自《诗经·击鼓》，意思是战鼓响亮，人人争先恐后杀敌。 4 羔裘豹饰，孔武有力：出自《诗经·羔裘》，意思是穿着豹皮缘饰的羔裘，十分勇猛有力。

◉ 梁曹景宗[1]谓所亲曰：“我昔在乡里，骑快马如龙，拓弓弦作霹雳声，箭如饿鸱叫，平泽中逐獐，数肋射之，渴饮其血，饥食其肉，甜如甘露浆。觉耳后生风，鼻端出火，使人忘死。今来扬州作贵人，路行开车幔，小人辄言不可。闭置车中，如三日新妇[2]，邑邑[3]使人气尽。”

注释：

1 曹景宗：南朝梁名将。出身将门，幼时就以勇猛闻名。2 三日新妇：古时候，过门三日的新妇，举止不得自专。比喻行动备受拘束的人。 3 邑邑：即“悒悒”，愁闷不乐的样子。

◉ 灌夫[1]骂灌贤[2]曰：“平生毁程不识[3]不直一钱，今日乃效女曹儿呫嗫耳语[4]。”

注释：

1 灌夫：西汉人，有军功，尚游侠，与魏其侯窦婴交好。在丞相田蚡的婚宴上，因田蚡、程不识和灌贤看不起他与窦婴，灌夫痛骂诸人，犯下不敬之罪，被斩杀。 2灌贤：汉朝开国名将灌婴之孙，被封为临汝侯。 3程不识：西汉名将，治军有方，号称“不败将军”，与李广齐名。 4今日乃效女曹儿呫嗫耳语：今天竟然像儿女辈一样跟程不识叽叽咕咕。女曹儿，曹，辈也，犹言儿女辈。呫嗫，低声耳语。

◉ 燕王垂[1]议伐西燕曰：“吾比老，叩囊智足以取之。”

注释：

1燕王垂：后燕成武帝慕容垂。

◉ 魏武帝[1]曰：“宁使我负天下人，无使天下人负我。”

注释：

1魏武帝：指曹操。

◉ 我太祖高皇帝[1]亲祀历代帝王庙，各献爵[2]毕，独于汉高祖[3]增一爵，曰：“我与公，不阶尺土而有天下[4]，比他人不同，特增一爵。”

注释：

1我太祖高皇帝：指明太祖朱元璋。 2献爵：献酒，敬酒。 3汉高祖：刘邦。 4不阶尺土而有天下：朱元璋和刘邦都是布衣出身，没有凭借尺寸之地而最终取得天下。阶，凭借，根据。

◉ 杜伏威[1]为陈棱[2]偏裨[3]射中额，伏威怒曰：“不杀射我者，终不拔此箭！”由是奋击而入，获所射者。

注释：

1 杜伏威：隋末农民起义军领导者之一。 2 陈棱：隋朝将领，官至右御卫将军。 3 偏裨：偏将，裨将。

◉ 祖逖渡江中流，望而叹曰："不澄清中原，不复渡此！"

◉ 吕蒙[1]随姊夫邓当击贼，年十六，呵叱而前，当不能禁止。归，言于母曰："不探虎穴，焉得虎子！"

注释：

1 吕蒙：三国时东吴名将，官至南郡太守。

◉ 唐庄宗[1]临斩刘守光[2]，守光悲泣，哀祈不已。其二妻李氏、祝氏谯[3]之曰："事已如此，生复何益？妾请先死。"即伸颈就戮。

注释：

1 唐庄宗：指后唐庄宗李存勖。 2 刘守光：五代时期桀燕国建立者。 3 谯：责备。

◉ 段文昌[1]富贵后，打金莲花杯，盛水濯足。或规[2]之，答曰："人生几何，要当酬平生不足[3]也。"

注释：

1 段文昌：唐穆宗朝宰相。 2 规：规劝。 3 酬平生不足：段文昌早年贫困，寓居江陵时，衣食不周，听到寺庙敲钟准备用斋，就去蹭饭。僧人很厌恶他，后来特意在用过饭后才敲钟。

◉ 陈蕃[1]尝处一室，庭宇荒秽。父友薛勤来候之，谓蕃曰："孺子[2]何不洒扫以待宾客？"蕃曰："大丈夫当扫除天下，何事一室乎？"

注释：

1 陈蕃：东汉时期名臣，与窦武、刘淑合称"三君"。 2 孺子：小孩子。

◉ 宋海翁才高嗜酒，睥睨当世。忽乘醉泛舟海上，仰笑曰："吾七尺躯，岂世间凡土所能贮？合当以大海葬之耳。"遂按波而入。

◉ 班超[1]家贫，常为官佣书[2]，以供养其母。久劳苦，尝辍业投笔叹曰："丈夫无他志略，犹当效傅介子[3]、张骞[4]，立功异域，以取封侯，安能久事笔砚间乎！"左右皆笑之。超曰："小子安知壮士哉！"

注释：

1 班超：东汉时期著名军事家、外交家。 2 佣书：受雇为人抄书，也泛指为人做笔札之事。 3 傅介子：西汉著名外交家。曾斩杀楼兰王，以功封义阳侯。 4 张骞：西汉卓越的探险家、旅行家与外交家。他抗击匈奴，从军封侯，对丝绸之路的开拓也有重大贡献。

◉ 马援[1]将军还，将至，故人多迎劳之。平陵人孟冀，名有计谋，于坐[2]贺援。援谓之曰："吾望子有善言，反同众人耶！方今匈奴乌桓，尚扰北边，欲自请击之。男儿要当死于边野，以马革裹尸还葬耳。何能卧床上，在儿女子手中耶！"

注释：

1 马援：著名军事家，东汉开国功臣之一。 2 坐：同“座”，座位。

◉ 扬子云[1]曰：“雕虫刻篆[2]，壮夫不为也！”

注释：

1 扬子云：扬雄，字子云。西汉文学家、语言学家。 2 雕虫刻篆：“虫”指虫书，“刻”指刻符。虫书、刻符是秦书八体中的二体，是西汉学童必习的小技。比喻微不足道的技能，多指诗文的写作。

◉ 毛澄[1]七岁善属对[2]，姻戚长老喜之者，赠以金钱，受归即掷之曰：“吾犹薄苏秦斗大[3]，安事此邓通[4]縻縻？”时人奇之。

注释：

1 毛澄：明代官员，正德年间官至礼部尚书。 2 属对：指诗文对仗。 3 吾犹薄苏秦斗大：苏秦斗大的金印我还看不上。
4 邓通：汉文帝男宠，赐钱无数；又赐以铜山，许自铸钱，邓氏钱遂遍天下。后世遂以“邓通”代指金钱。

◉ 项羽少时，学书不成，去；学剑又不成，去。季父[1]梁怒之，羽曰：“书足记姓名而已，剑一人敌，不足学，学万人敌耳！”于是梁奇其意，教以兵法。

注释：

1 季父：叔父。亦指年龄最小的叔父。

［明］仇英《竹林七贤图》（局部）

［明］陈洪绶《米颠拜石图》（局部）

◉ 项籍与汉高相拒，项使人谓汉王曰："天下匈匈[1]，徒以吾两人耳。愿与王一战决雌雄，毋徒罢[2]天下父子为也。"

注释：

1 匈匈：动乱纷扰。 2 罢：同"疲"，累。

狂语第四

吴苑曰：古人有言曰：狂夫之言，圣人择焉。圣人尚取之，而况其下者乎？夫狂者，视己虚若满，视人高若下，除一身之外，无足以当双眸者。其用志不过欲与霄汉比高，瀛海比大，但未省一段已有愈不足之义，此亦豪之亚者。次狂语第四。

◉ 袁嘏[1]诗平平耳，多自谓能，尝曰："我诗有生气，须人捉着，不尔便飞去。"

注释：

1 袁嘏：南朝齐陈郡人。齐明帝建武末年为诸暨令。

◉ 齐黄门郎[1]吴兴沈昭略[2]，侍中文叔[3]之子。性狂俊，使酒任气，朝士常惮而容之。尝醉，负杖至芜湖苑，遇琅琊王约[4]，张目视之曰："汝王约耶？何肥而痴？"约曰："汝是沈昭略耶？何瘦而狂？"昭略抚掌大笑，曰："瘦又胜肥，狂又胜痴矣。"

注释：

1 黄门郎：官名。又称黄门侍郎。 2 沈昭略：南朝齐官员。3 侍中文叔：沈文叔，南朝宋大将沈庆之长子，景和末，为侍中。 4 王约：南朝梁官员，官至廷尉。

◉ 王俭[1]与王敬则同拜三公，徐孝嗣[2]于崇礼门候俭，因誉之曰："今日可谓连璧。"俭曰："不意老子与韩非同传[3]。"

注释：

1 王俭：南朝齐文学家、目录学家。 2 徐孝嗣：南朝齐宰相。 3 不意老子与韩非同传：没想到老子和韩非子会列于同传，意思是没想到自己和王敬则会同时拜三公。《史记》里有《老子韩非列传》。

◉ 桑悦调柳州倅[1]，不欲赴，人问之，辄曰："宗元[2]小生，擅此州名。吾一旦往，掩其上，不安耳。"

注释：

1 倅：州郡长官的副职。 2 宗元：指柳宗元。

◉ 上饶娄谅[1]过姑苏，泊舟枫桥，因和唐人诗，有"独起占星夜不眠"之句，问客曰："我一起行，天象应动，君能见不？"

注释：

1 娄谅：明代著名理学家。

◉ 袁中郎同陶石篑[1]游鉴湖，袁谓陶曰："尔狂不如季真[2]，饮酒不如季真，独两眼差[3]同耳。"陶问故，袁曰："季真识谪仙，尔识袁中郎。"

注释：

1 陶石篑：陶望龄，号石篑。明代诗人。 2 季真：唐代诗人贺知章，字季真。 3 差：大致。

◉ 王仲祖与刘真长[1]别后相见，王谓刘曰：“卿更长进。”刘曰：“卿仰看耶？”王问其故，刘曰：“不尔，何由测天之高也？”

注释：

1 刘真长：刘惔，字真长。东晋著名清谈家。

◉ 王中郎坦之[1]年少，江虨[2]为仆射，领选[3]，欲拟之为尚书郎。有语王者，王曰：“自过江来[4]，尚书郎正用第二人[5]，何得拟我！”

注释：

1 王中郎坦之：王坦之，东晋名臣，曾担任北中郎将。 2 江虨：东晋官员，官至国子祭酒。 3 领选：兼管荐举官吏之事。 4 自过江来：自东晋以来。过江指西晋王室东渡，过长江建立东晋。 5 第二人：指第二流人物。

◉ 桓公[1]少与殷侯[2]齐名，常有竞心。桓问殷：“卿何如我？”殷云：“我与我周旋久，宁作我。”

注释：

1 桓公：指桓温。 2 殷侯：指殷浩。

◉ 桓大司马[1]下都。问真长[2]曰：“闻会稽王[3]语奇进[4]，尔邪[5]？”刘曰：“极进，然故是第二流中人耳！”桓曰：“第一流复是谁？”刘曰：“正是我辈耳！”

注释：

1 桓大司马：指桓温，曾官拜大司马。 2 真长：刘惔，字真长。 3 会稽王：指晋简文帝司马昱，登基前为会稽王。 4 语奇进：

清谈有了极大长进。　5 尔邪：是这样吗？

◉ 殷洪乔[1]作豫章郡，临去，都下[2]人因附百许函书。既至石头[3]，悉掷水中，因祝曰："沉者自沉，浮者自浮，殷洪乔安作致书邮[4]。"

注释：

1 殷洪乔：殷羡，字洪乔。东晋官员，为豫章太守。　2 都下：京都。　3 石头：古地名。在今江西省南昌市北。　4 致书邮：送书信的邮差。

◉ 梁公公实[1]荐一士于李公于鳞[2]，士者欲以谢公，曰："吾有长生术，不惜为公授。"曰："吾名在天地间，只恐盛着不了，安用长生！"士者惭而止。

注释：

1 梁公公实：梁有誉，字公实。明代文学家，"后七子"之一。　2 李公于鳞：李攀龙，字于鳞。明代著名文学家，为"后七子"的领袖人物。

◉ 郝公琰好吟，每得一妙句，辄跃起大叫，谓人曰："书言文、武[1]五百岁而有孔子，孔子五百岁而有孟轲。诗道亦然，曹、刘[2]五百岁而有李、杜，李、杜五百岁而有者非郝耶？"袁中郎笑而问曰："我非李老君[3]，能自退藏[4]，以让尼父[5]擅名[6]也。"

注释：

1 文、武：指周文王、周武王。　2 曹、刘：指曹植、刘桢。

3 李老君：指老子。 4 退藏：指藏身不用。 5 尼父：指孔子。 6 擅名：享有名声。

◉ 张伯玉[1]过姑熟，见李太白十韵，叹美久之，周流泉石间。后见一水清澈，询地人，曰："此水名明月泉。"公曰："太白不留此题，将留以待我也。"

注释：

1 张伯玉：北宋官员、诗人。

◉ 徐文长[1]为胡总制公[2]客，有一将士病疟，恐胡公督练急，乃转求宽于徐。徐曰："君正当求我，不当求胡。"令将士急磨墨，取笔书旧作一首，付之曰："君可谨佩，百鬼自不敢来。"

注释：

1 徐文长：徐渭，字文长。明代文学家、书画家和军事家。 2 胡总制公：指胡宗宪。

◉ 王仲祖[1]有好仪行，每览镜自照曰："王文开[2]那生如馨儿？"

注释：

1 王仲祖：王濛，字仲祖。东晋名士。 2 王文开：王仲祖之父。

◉ 梁伯鸾[1]少孤，尝独止，不与人同食。比舍[2]先炊已，呼伯鸾及热釜炊。伯鸾曰："童子鸿，不因人热者也。[3]"

注释：

1 梁伯鸾：梁鸿，字伯鸾。东汉著名隐士、诗人。 2 比舍：

邻居。 3 童子鸿，不因人热者也：我梁鸿不趁他人的热灶烧火煮饭。成语“不因人热”即源于此典，比喻为人孤僻高傲或不依赖别人。

◉ 王冕[1]既归越，常言天下将乱。时海内无事，或斥冕为妄。冕曰：“妄人非我，谁当为妄哉？”

注释：

1 王冕：元代著名画家、诗人。

◉ 文帝[1]问颜延之[2]以其诸子材能，曰：“竣得臣笔，测得臣文，臭得臣义，跃得臣酒。”何尚之[3]嘲之曰：“谁得卿狂？”答曰：“其狂不可及。”

注释：

1 文帝：指宋文帝刘义隆。 2 颜延之：南朝宋文学家，与谢灵运并称“颜谢”。 3 何尚之：南朝宋大臣。

◉ 袁淑[1]见谢庄[2]《赤鹦鹉赋》，叹曰：“江东无我，卿当独秀。”

注释：

1 袁淑：南朝宋大臣，有才情。 2 谢庄：南朝宋大臣，文学家。

◉ 庾元规语周伯仁[1]：“诸人皆以君方乐[2]。”周曰：“何乐？[3]谓乐毅[4]邪？”庾曰：“不尔，乐令[5]耳。”周曰：“何乃刻画无盐[6]，以唐突西子[7]也。”

注释：

1 周伯仁：周顗（yǐ），字伯仁。两晋时期名士、大臣。 2 诸人皆以君方乐：大家都把你和姓乐的相提并论。 3 何乐：哪个姓乐的。 4 乐毅：战国后期杰出的军事家，拜上将军，受封昌国君，辅佐燕昭王振兴燕国。 5 乐令：乐广，西晋时期名士，因曾任尚书令，人称“乐令”。 6 无盐：指丑女无盐。 7 西子：指美女西施。

◉ 习凿齿[1]尝造道安[2]谈论，自赞曰：“四海习凿齿。”安应声曰：“弥天释道安。”时人以为佳对。

注释：

1 习凿齿：东晋著名史学家、文学家。 2 道安：东晋高僧。

◉ 宗子相[1]才高，雄视一时，尝谓同社[2]曰：“朝廷若无我辈文章之士，则灵鸟不必鸣岐山，而仁兽化为梼杌[3]。”

注释：

1 宗子相：宗臣，字子相。明代文学家，“后七子”之一。 2 同社：志趣相同者结社，互称同社。 3 梼杌：传说中的猛兽。

◉ 齐高帝[1]尝与王僧虔[2]赌书[3]毕，帝曰：“谁为第一？”僧虔对曰：“臣书，人臣中第一；陛下书，帝中第一。”帝笑曰：“卿可谓善自谋也。”

注释：

1 齐高帝：指南朝齐开国皇帝萧道成。 2 王僧虔：王羲之四世族孙，南朝齐书法家。 3 赌书：比试书法的优劣。

◉ 琅邪王僧虔，博通经史，兼善草隶。太祖谓虔曰："我书何如卿？"曰："臣正书[1]第一，草书第三；陛下草书第二，正书第三。臣无第二，陛下无第一。"上大笑曰："卿善为辞也。然'天下有道，丘不与易也'。"

注释：

1 正书：指楷书。

◉ 郝公琰才高语放，尝谓人曰："吾一懑[1]时则读曹荩之[2]诗，可以消之；次则袁小修[3]，再次则读吾诗耳，下此反增其懑。"

注释：

1 懑：烦闷生气。 2 曹荩之：即本书编者曹臣，字荩之。 3 袁小修：指袁中道，字小修。

◉ 慕容俨[1]少见潘乐[2]，长揖而已。或劝屈节[3]，俨扬袂[4]曰："吾状貌如此，望人拜，岂能拜人？"

注释：

1 慕容俨：北齐将领。容貌出群，衣冠甚伟。 2 潘乐：北齐大臣。 3 屈节：降低身份，对人谦卑。 4 扬袂：举袖。

◉ 刘中郎[1]性韵刚疏，轻言肆行。一日，遇褚司徒渊[2]入朝，以腰扇[3]障日。中郎从侧过，曰："作如此举止，羞面见人，扇障何益？"渊曰："寒士不逊。"祥曰："不能杀袁、刘，安得免寒士？[4]"

注释：

1 刘中郎：刘祥，南朝齐官员。曾为临川王骠骑从事中郎，故称刘中郎。 2 褚司徒渊：褚渊，南朝宋、齐两朝大臣。曾为司徒，故称褚司徒渊。 3 腰扇：古代佩于腰间可以折叠的团扇。 4 不能杀袁、刘，安得免寒士：不能像你这样害死袁粲、刘秉，哪能免于当寒士呢？袁、刘指袁粲、刘秉。他俩和萧道成、褚渊曾共同辅佐苍梧王刘昱，后来褚渊和萧道成联合立新皇帝。袁粲、刘秉谋划诛杀萧道成，计划被褚渊泄露，两人事败遇害。史书记载当时有"宁为袁粲死，不为褚渊生"的民谣。

◉ 温彦博[1]为吏部侍郎，有选人[2]裴略被放，乃自赞[3]于彦博，称解白嘲[4]。彦博即令嘲厅前丛竹，略曰："竹，冬月不肯凋，夏月不肯热，肚里不能容国士，皮外何劳生枝节。"又令嘲屏墙，略曰："高下八九尺，东西六七步，突兀当厅坐，几许遮贤路。"彦博曰："此语似伤博[5]。"略曰："即扳公肋，何止伤膊[6]！"博惭而与官。

注释：

1 温彦博：唐初宰相。 2 选人：候补的官员。 3 自赞：自荐。 4 称解白嘲：声称自己善于以俚词讽喻嘲谑。 5 此语似伤博：这些话好像有损于我温彦博。 6 即扳公肋，何止伤膊：已经在扳你的肋骨了，何止是伤到胳膊！"膊"谐音"博"。

◉ 王冕尝大雪中赤脚独上潜岳峰，四顾大叫曰："白玉峰前渡仙客，合无陪人。"

◉ 郑翰卿游海上，见一老翁观海自语曰："世间能有物填此乎？

曰不能也。”郑从旁抚老人背曰：“惟吾异日名[1]，可填此耳。”

注释：

1 异日名：他日的名声。

◉ 沈嘉则[1]游金陵，日醉胡姬肆中，片语一出，人争诵不已。沈向人语曰：“我天上岁星[2]也。”

注释：

1 沈嘉则：沈明臣，字嘉则。明代万历年间诗人。 2 岁星：即木星。古人以其所在星次来纪年，故称岁星。传说西汉东方朔是天上岁星下凡。

◉ 吴正子曰：“郝公琰之枯，曹荩之之粗，此天之东南，地之西北。吾与二君交，实是女娲石、精卫鸟。[1]”

注释：

1 吾与二君交，实是女娲石、精卫鸟：女娲补天，精卫填海，这句话是吴正子自夸可以补郝公琰、曹荩之的不足。

◉ 灵璧[1]刘人龙，性豪迈，不耐家居，每挟资而游，游则必尽资，不能归而后已。妻子常备资，觅之于江淮间，谓曰：“君困游非一也，何自苦如是？”刘曰：“卿看此刘郎，岂灵璧常有耶？”

注释：

1 灵璧：地名。在今安徽省。

◉ 王丞相[1]枕周伯仁[2]膝，指其腹曰：“卿此中何所有？”答曰：

“此中空洞无物，然容卿辈数百人。”

注释：

1 王丞相：指王导。 2 周伯仁：周𫖮，字伯仁。晋时名士。

◉ 郝公琰谓吴正子曰：“近世不惟怜才者无有，即忌才者亦不再生。使世有曹老瞒、杨阿麽[1]在，郝瘦头颅，已久作草际尘耳。”吴笑曰：“若使我与君同遇，当庇君算一筹[2]。”

注释：

1 曹老瞒、杨阿麽：指曹操、杨广。两人都狠毒善妒。传说曹操杀死恃才傲物的杨修，杨广杀死诗人薛道衡，都是“忌才”的典型。 2 若使我与君同遇，当庇君算一筹：如果我和你同遇到他们，我会想办法庇护你的。

◉ 孙兴公[1]作《天台赋》成，以示范荣期[2]，云：“卿试掷地，要作金石声。”范曰：“恐子之金石，非宫商[3]中声。”然每至佳句，辄云：“应是我辈语。”

注释：

1 孙兴公：孙绰，字兴公。东晋文学家，以文才著称，也擅长书法。 2 范荣期：范启，字荣期。东晋大臣，官至黄门侍郎。
3 宫商：这里泛指音律。

◉ 苗振[1]第四人及第[2]，召试馆职[3]。或曰：“宜稍温习。”振曰：“岂有三十年为老娘，而倒绷孩儿者乎？”

注释：

1 苗振：北宋人，仁宗朝及第。召试馆职时，晏殊劝其稍事温习，他不以为然。 2 第四人及第：考中进士第四名。 3 馆职：唐宋时在昭文馆、史馆、集贤院等处担任修撰、编校等工作的官职。

◉ 张思光[1]为中书郎，尝叹曰："不恨我不见古人，恨古人不见我。"思光善草隶，太祖尝谓曰："卿殊有骨力，但恨无二王[2]法。"答曰："非恨臣无二王法，亦恨二王无臣法。"

注释：

1 张思光：张融，字思光。南朝齐书法家。 2 二王：指东晋著名书法家王羲之、王献之父子。

◉ 米元章[1]初见徽宗，命书《周官》篇于御屏。书毕，掷笔于地，大言曰："一洗二王恶札[2]，照耀皇宋万古。"徽宗潜立于屏风后，闻之，不觉步出纵观。

注释：

1 米元章：米芾，字元章。北宋书法家。 2 恶札：拙劣的书法。

◉ 会稽徐渭，嘉靖间为胡梅林公[1]幕客，甚被亲遇。胡谓徐曰："君文士，君无我不显。"徐曰："公英雄，公无我不传。"又语公曰："公惠我以一时，我答公以万世。"徐渭真长者哉！

注释：

1 胡梅林公：胡宗宪，号梅林。明代抗倭名将。

◉ 桑民怿会试[1]既毕，自喜必中，乃于卷后画一站船[2]，因击桌曰："此回定坐官船矣。"竟以违式[3]贴出[4]。

注释：

1会试：明清科举制度，每三年会集各省举人于京城考试，称为会试。 2站船：旧称在航程有驿站递次接待的官船。 3违式：违反规定或程式。 4贴出：科举考试时，凡有夹带、冒名顶替及试卷违式者被摈斥场外，不准考试。

傲语第五

吴苑曰：《易》云："不事王侯，高尚其志。"此傲也。傲则不臣天子，不友诸侯，虽九有之大，不能屈一介之夫，下此可无论矣。然傲非全德，圣人不取。苟不能完，酌而取之，宁傲不宁媚，则傲之为偏德也审矣！次傲语第五。

◉ 孔拯[1]侍郎为遗补[2]时，尝朝回，值雨而无雨备[3]，乃于人家庑[4]下避之。过食时，雨益甚，拯向其家叟求雨具，叟答曰："某闲居不预人事，寒暑风雨未尝冒也，置此又安施乎？"

注释：

1 孔拯：唐代官员。 2 遗补：唐代拾遗、补阙同是谏官，因其职掌相同，故并称之。 3 雨备：防雨的设备。 4 庑：堂下周围的走廊、廊屋。

◉ 司徒霸[1]与严光[2]素旧，欲屈到霸所语言，遣使西曹[3]侯子道奉书。光不起，于床上箕踞，抱膝发书，读讫，问子道曰："君房素痴，今为三公[4]，小差[5]不？"子道曰："位已鼎足，不痴也。"光曰："遣卿来何言？"子道传霸言。光曰："卿言不痴，是非痴耶？天子征我，三尚不见，况人臣乎？"

注释：

1 司徒霸：侯霸，字君房。东汉初年官员，官至尚书令、大司徒。 2严光：字子陵，东汉著名隐士。他少有高名，与东汉光武帝刘秀是同学好友。后来他积极帮助刘秀起兵。刘秀即位后，多次延聘他，但他隐姓埋名，退居富春山，坚持不出仕。 3西曹：古代官职名。 4三公：古代中央三种最高官衔的合称。不同朝代有所变迁，东汉指太尉、司徒、司空。 5小差：疾病稍愈。

◉ 南阳宗世林，魏武同时而甚薄其为人，不与之交。及魏武作司空，总朝政，从容问宗曰："可以交未？"答曰："松柏之志犹存。"

◉ 王廷陈[1]从翰林出知裕州，傲甚。台省[2]监司[3]过州，不出迎，亦无所托疾[4]。人或劝之不宜如此，王怒曰："我揖，我辱死；彼受，彼愧死。一言而伤二命，此人不良！"终身绝之。

注释：

1王廷陈：明代官员。 2台省：汉的尚书台，三国魏的中书省，都是代表皇帝发布政令的中枢机关。后来用"台省"指政府的中央机构。 3监司：负责监察的官员。 4托疾：装病推托。

◉ 僧贯休[1]，婺州兰溪人。钱镠[2]自称吴越国王，休以诗投献，内有"满堂花醉三千客，一剑霜寒十四州"之句。镠谕改为四十州，乃可相见，曰："州亦难添，诗亦难改。闲云孤鹤，何天而不可飞？"遂去而入蜀。

注释：

1贯休：俗姓姜，字德隐。五代著名诗僧。 2钱镠：五代十国时期吴越国创建者。

◉ 钟毓兄弟[1]初欲交夏侯玄[2]，玄以钟志趣不同，不与之交。及玄被桎梏[3]，时毓为廷尉，会因便狎之。玄曰："虽复刑余之人，未敢闻命[4]。"

注释：

1 钟毓兄弟：指钟毓、钟会。钟毓，字稚叔；钟会，字士季。太傅钟繇之子。 2 夏侯玄：字太初。三国魏玄学家。 3 被桎梏：指被拘捕囚禁。 4 未敢闻命：不敢听从命令，也就是不愿与之交往。

◉ 戴安道少有高名，武陵王[1]闻其善鼓琴[2]，使人召之。安道就使者前打破琴，曰："戴安道安能为王侯伶人！"

注释：

1 武陵王：司马晞，晋元帝司马睿第四子，封武陵王。 2 鼓琴：弹琴。

◉ 卞士蔚[1]弱冠时为上虞令，甚有刚气。会稽太守孟颛[2]以令长裁之，士蔚积不能容，脱帻[3]投地曰："我所以屈卿者，正为此帻耳，今已投之！"遂拂衣去。

注释：

1 卞士蔚：卞彬，字士蔚。南朝宋人。 2 孟颛：南朝宋人。3 帻：头巾。

◉ 郭元瑜[1]少为拔俗[2]之韵，张天锡遣使备礼致之，元瑜指翔鸿[3]示使人曰："此鸟安可笼哉？"

注释：

1 郭元瑜：郭瑀，字元瑜。东晋十六国时期名士。 2 拔俗：超出凡俗。 3 翔鸿：高飞的鸿雁。

◉ 王孟端[1]夜泛舟，闻箫声清亮，移舟就之，乘兴写竹石一幅相赠。明日，吹箫人来访，具币[2]以乞配幅，王曰："吾画箫声耳，君不得过求。"

注释：

1 王孟端：王绂，字孟端。明初画家。 2 具币：准备钱财。

◉ 孙太初[1]寓居武林[2]，费文宪[3]罢相归，访之。值其昼寝[4]，孙故卧不起，久之乃出，又了不谢。送及门，第矫首[5]东望曰："海上碧云起，直接赤城，大奇，大奇！"文宪出，谓御者[6]曰："吾一生未尝见此人。"

注释：

1 孙太初：孙一元，字太初，明代人。 2 武林：指杭州。 3 费文宪：费宏，字子充。明朝内阁首辅，谥号文宪。 4 昼寝：白昼睡觉，午睡。 5 矫首：昂首，抬头。 6 御者：驾驭车马的人。

◉ 卢山人柟[1]初因浚狱，滑令张肖甫时时问劳。及出犴狴[2]，锒铛桎梏，犹然拘挛[3]也。山人诣滑厅事稽首谢，张亟引副署中，从者以卢坐置侧。卢谓张曰："以囚，当仆阶前；以客，当居上座。"遂据上坐之。

注释：

1 卢山人柟：卢柟，明代浚县人。山人，古代学者士人的雅号。 2 犴狴：监狱。 3 拘挛：痉挛。肌肉抽搐，难以伸展自如。

◉ 李谷平[1]谪驿丞[2]，上司过者只一揖。代巡以同年[3]招之，使侧坐，李曰："驿丞安敢望坐，同年不敢居旁。"遂拂衣去。

注释：

1 李谷平：李中，号谷平先生。明代诗人、官员，因抗疏谪广东通衢驿丞。 2 驿丞：掌管驿站的官，主邮传迎送之事。明清时设置，各府、州、县多寡有无不一，品级为未入流。 3 同年：古代科举考试同科中式者之互称。

◉ 陶渊明为彭泽令，郡遣督邮[1]至。县吏白应束带见，渊明曰："吾不能为五斗米，折腰事乡里小儿也。"遂解印逃去。

注释：

1 督邮：官名。汉置，郡的重要属吏，代表太守督察县乡，宣达政令，兼司狱讼捕亡。

◉ 申屠蟠[1]性高傲，善谈论，莫有及者，唯江南一生与相酬对。既别，执蟠手曰："君非聘则征[2]，如是相见于上京[3]矣。"蟠勃然作色曰："始吾以子为可与言也，何意乃相拘教[4]乐贵之徒耶？"

注释：

1 申屠蟠：东汉末年隐士。 2 非聘则征：指一定会被朝廷征召聘任为官。　3 上京：国都。　4 拘教：拘泥于礼教。

◉　吴正子穷居一室，门环流水，跨木而度，度毕即抽之。人问其故，笑曰："土舟浅小，恐不胜富贵人之来踏耳。"

冷语第六

吴苑曰：冷者暖之反。春风至为暖，暖则散色为花，散香为气，有目有鼻者莫不睹不嗅焉。冷则为蕊为苞，色香虽具，即鼻通目明者了不能得，是冷者非含藏之自义乎？故水冷则结，云冷则痴，一结一痴，皆含藏之义。次冷语第六。

◉ 王介甫与苏东坡论扬子云[1]投阁[2]为史臣之妄，《剧秦美新》[3]之作，亦后人所诬。苏曰："轼亦疑一事。"荆公曰："疑何事？"苏曰："不知西汉果有子云不？"闻者莫不掩口而笑。

注释：

1 扬子云：扬雄，字子云。西汉文学家。 2 投阁：汉扬雄校书天禄阁时，刘棻曾向雄问古文奇字。后棻被王莽治罪，株连扬雄。当狱吏往捕时，雄恐不能自免，即从阁上跳下，几乎摔死。后有诏勿问，但京师纷纷传语："惟寂寞，自投阁。"扬雄《解嘲》有"惟寂惟寞，守德之宅"语，故云。后用为文士不甘寂寞而遭祸殃之典。 3《剧秦美新》：王莽篡汉自立，国号新。扬雄仿司马相如《封禅文》，上封事给王莽，指斥秦朝，美化新朝，故名《剧秦美新》。

◉ 唐中书令王铎[1]文儒，出镇渚宫[2]为都统，以御黄巢，挟姬妾赴镇。而妻妒忌，忽报夫人离京在道，铎谓从事曰："黄巢渐以南来，夫人又自北至。旦夕情味，何以安处？”幕僚请曰：“不如降黄巢。”

注释：

1 王铎：唐末宰相。 2 渚宫：春秋楚国的宫名，故址在今湖北江陵。这里以渚宫代指江陵。

◉ 宰相王玙[1]，好与人作碑志。有送润毫[2]者，误扣右丞相王维门，维曰：“大作家在那边。”

注释：

1 王玙：唐朝宰相。 2 润毫：润笔。

◉ 孔君鱼[1]为姑臧[2]长，清俭逼下。有讥之者，答曰：“奋自处脂膏，不能自润。”

注释：

1 孔君鱼：孔奋，字君鱼。东汉初年官员。 2 姑臧：地名。又名凉州，今甘肃武威。

◉ 子瞻[1]在惠州，天下传其已死。后七年北归，时丞相[2]方贬雷州，子瞻见南昌太守叶祖洽，叶问曰：“传端明[3]已归道山[4]，今尚游戏人间耶？”坡曰：“途中遇章子厚[5]，乃回返耳。”

注释：

1 子瞻：苏轼，字子瞻。 2 丞相：指章惇。他与苏轼本是好友，后因政见不同而打压苏轼。 3 端明：指苏轼。苏轼曾任端明殿学士，故称。 4 已归道山：对人去世的委婉说法。 5 章子厚：

章惇，字子厚，即上文的“丞相”。苏轼被贬惠州即是因其排挤。

◉ 苏公[1]一日与温公[2]论事，坡偶不合，曰：“相公此论，故为鳖厮踢。”温公不解，曰：“鳖安能厮踢？”坡曰：“是之谓鳖厮踢。”

注释：

1 苏公：指苏轼。 2 温公：指司马光，他死后被封温国公，故称司马温公。

◉ 苏子瞻与章子厚同游南山诸寺，寺有山魈[1]为祟，客不敢宿，子厚独宿，山魈不敢出。招游仙潭，下临绝壁，岸甚狭，横木如桥。子厚推子瞻过潭书壁，子瞻不敢过，子厚平步以过，用索系树，蹑之上下，神色不动。以漆墨濡笔，大书石壁曰：“章惇、苏轼来游。”子瞻拊其背曰：“子厚必能杀人。”子厚曰：“何也？”子瞻曰：“能自拼命者，能杀人也。”

注释：

1 山魈：动物名。狒狒之类。性凶猛，状极丑恶。传说以为山怪。

◉ 宰相杨再思[1]晨入朝，值一重车将牵出西门，道滑，牛不前，驭者骂曰：“一群痴宰相，不能和得阴阳[2]，而令我汇行[3]，如此辛苦。”再思徐谓之曰：“尔牛亦自弱，不得嗔他宰相。”

注释：

1 杨再思：杨綝，字再思。唐朝宰相。 2 和得阴阳：古人认为宰相上佐天子，理阴阳，顺四时，故常以调和阴阳来比喻宰相治国理政。这里驭者便将四时气候之不调、阴阳之不协归咎于宰相。　3 汇行：绕道行走。

◉　范忠宣[1]谪永州，夫人不如意辄骂章惇。舟过橘洲，大风雨，船破，仅得及岸，正平[2]持盖，公自负夫人以登。燎衣民舍，公顾曰："岂亦章惇所为耶？"

注释：

1 范忠宣：范纯仁，谥忠宣。范仲淹次子。　2 正平：范正平，范纯仁之子。

◉　真宗[1]既封，访天下隐者，得杞人杨朴[2]，上问："有人作诗送卿不？"朴言："臣妻有一首云：'更休落魄耽杯酒，再莫猖狂爱作诗。今日捉将官里去，这回断送老头皮。'"上大笑，即放回。苏轼在湖州作诗，追赴诏狱[3]，妻子见轼出门，皆哭。轼无以语之，但顾曰："子独不能如杨朴之妻，作一诗送我乎？"轼妻不觉失笑。

注释：

1 真宗：指宋真宗赵恒。　2 杨朴：北宋布衣诗人，自号东里野民。　3 苏轼在湖州作诗，追赴诏狱：苏轼在湖州任上所作的章表和诗句被御史告发，称其用语讥刺朝政，苏轼因此被逮捕关进御史台监狱。

◉　欧阳季默常问东坡："鲁直[1]诗何处见好？"东坡不答，但极口称诵。季默云："如'卧听疏疏还密密，晓看整整复斜斜'，岂是佳耶？"坡云："正是佳处。"

注释：

1 鲁直：指黄庭坚，字鲁直。

◉ 万历[1]甲寅春，张卿子[2]过新都黄玄龙石岭看梨花，花已半谢，玄龙曰："春老矣，奚不早来？"卿子曰："余意正在凄凉。"

注释：

1 万历：明神宗朱翊钧的年号。 2 张卿子：张遂辰，字卿子。明末清初名医。

◉ 汪南明[1]架上牙签[2]数万卷，客睥睨久之，谓曰："公能遍识耶？"公曰："汉高取天下，属意者关中耳。"

注释：

1 汪南明：指汪道昆，号南明。明代文学家。 2 牙签：指书籍。

◉ 宋世祖[1]至殷贵妃[2]墓，谓羊志[3]曰："卿等哭贵妃若悲，当加厚赏。"羊即呜咽甚哀。他日，有问羊者曰："卿那得此副急泪？"羊曰："我自哭亡妻耳！"

注释：

1 宋世祖：指宋孝武帝刘骏，南朝宋第五位皇帝。 2 殷贵妃：殷淑仪，刘骏宠妃。 3 羊志：为当时医人。

◉ 杜少陵[1]《宿龙门》诗云"天阙象纬逼"，王介甫[2]改"阙"为"阅"，黄山谷[3]对众极言其是。刘贡父[4]闻而笑曰："恐是怕他。"

注释：

1 杜少陵：指杜甫，自号少陵野老，故称。 2 王介甫：指王安石，字介甫。 3 黄山谷：指黄庭坚，号山谷道人。 4 刘贡父：刘攽，字贡父。北宋史学家。

◉ 张宁晚年无子，祷于家庙曰："宁何阴祸，至辱先人？"旁一妾云："误我辈即伤阴骘[1]耳。"

注释：

1 阴骘：指阴德。

◉ 一进士戏坐夏原吉[1]公轿。或告公，公曰："有志。"言者惭退。

注释：

1 夏原吉：明初重臣，政绩卓越，谥忠靖。

◉ 谢公问王子敬[1]："君书何如君家尊[2]？"答曰："固当不同。"公曰："外人论殊不尔。"王曰："外人那得知？"

注释：

1 王子敬：王献之，字子敬。 2 君家尊：你的父亲。指王羲之。

◉ 王子猷作桓车骑骑兵参军，桓问曰："卿何署[1]？"答曰："不知何署，时见牵马来，似是马曹[2]。"

注释：

1 何署：指在何部门任职。 2 马曹：管马的部门。

◉ 张苍梧[1]是张凭[2]之祖，尝语凭父曰："我不如汝。"凭父未解所以。苍梧曰："汝有佳儿。"

注释：

1 张苍梧：晋人张镇，任苍梧太守，故称。 2 张凭：东晋吴郡人，官至吏部郎、御史中丞。

◉ 胡九韶家贫力耕，仅给衣食。每见向天揖曰："蒙赐清福！"其妻笑曰："三餐苦菜和羹，此清福耶？"胡摇手止曰："清福正在个中，上天甚所秘惜，无得轻示与人。"复顾其子曰："汝不得不传。"

◉ 王寅少喜子房[1]策，故字曰仲房。后人有荐其赞画[2]者，寅曰："时晚矣。有赤松子[3]，不妨为予一觅。"

注释：

1 子房：西汉张良，字子房。 2 荐其赞画：推荐他从政出谋划策。 3 赤松子：传说中的仙人。张良在辅佐刘邦建立政权后，为保全自己，功成身退，对汉高祖说："愿弃人间事，欲从赤松子游耳。"古代士人的人生理想是少年游侠，壮年游宦，晚年游仙。时王寅年老，故其志趣不在从政，而在寻仙访道。

◉ 张灵嗜酒傲物，或造之者，张方坐豆棚下，举杯自酬，目不少顾。其人含怒去，复过唐伯虎，道张所为，且怪之。伯虎笑曰："汝讥我。"

◉ 司马德操徽[1]括囊谨密[2]。有以人物质之[3]者，初不辨其高下，每辄言“佳”。其妇谏曰：“人质所疑，君宜辨论，而一言佳，岂人所以咨君之意乎？”徽曰：“如卿所言，亦复佳。”

注释：

1 司马德操徽：司马徽，字德操。东汉末年名士，精通经学，有知人之明，人称“水镜先生”，曾向刘备推荐诸葛亮、庞统。 2 括囊谨愍：意思是说话谨慎，不轻易表露意见。括囊：结扎袋口。比喻缄口不言。 3 以人物质之：指请司马徽品评人物。

◉ 方逊志[1]卧病绝粮，家人屡以告。方笑而言曰：“古人有三旬九食[2]、甑无储粟[3]者，此时吾愁汝。”曰：“主翁亦所不免，岂我耶？”曰：“愁汝多告劳[4]也。”

注释：

1 方逊志：方孝孺，号逊志。明初著名文士、大臣。 2 三旬九食：三十天只能吃九顿饭，形容家境贫困，得食困难。 3 甑无储粟：甑里没有储存的粮食。 4 告劳：诉说劳苦。

◉ 李元忠[1]虽居要任，惟饮酒自娱，不以物务干怀。时欲用为仆射，或言其常醉，不可。其子操闻之，请节饮。元忠曰：“我言作仆射，不胜饮酒；尔爱仆射，劝勿饮。”

注释：

1 李元忠：北齐人，官骠骑将军。

◉ 张士简[1]嗜酒疏脱，在新安，遣家童载米三千斛[2]还吴，失大半。士简问其故，答曰：“雀鼠耗也[3]。”士简叹曰：“壮哉雀鼠！”

注释：

1张士简：张率，字士简，南朝吴郡吴县人。 2斛：古代量器，十斗为一斛。 3雀鼠耗也：指被麻雀、老鼠偷食。

◉ 宋相[1]郊居政府，上元夜，在书院内读《周易》，闻其弟学士祁[2]，点花灯，拥歌妓，醉饮达旦。翌日，谕所亲令诮让云：“相公寄语学士：闻昨夜烧灯夜宴，穷极奢侈。不知记得某年上元同在某州学内吃齑煮饭时不？”学士笑曰：“却须寄语相公：不知某年同某处吃齑煮饭，是为甚的？”

注释：

1宋相：指北宋宰相宋庠。初名郊，入仕后改名庠。与弟宋祁并有文名，时称“二宋”。 2其弟学士祁：指宋祁。北宋官员、文学家、史学家。

◉ 严子陵隐迹富春山，司徒霸[1]遣使奉书。使者求报，严曰：“我手不能书。”乃口授之。使者嫌少，可更足。严曰：“买菜乎？”

注释：

1司徒霸：东汉人侯霸，光武帝时官至大司徒，故称。

◉ 上虞江有一处名三石头，王弘之[1]常垂纶[2]于此。经过者不识之，或问：“渔师得鱼卖不？”弘之曰：“亦自不得，得亦不卖。”

注释：

1 王弘之：南朝宋名士。 2 垂纶：垂钓。

◉ 阮孝绪[1]所居，以一鹿床[2]为精舍[3]，竹树环绕。任昉寻其兄履之，欲造而不敢，望而叹曰：“其室则迩[4]，其人则远。”

注释：

1 阮孝绪：南朝梁学者。 2 鹿床：指坐卧之具，即坐榻。 3 精舍：学舍，书斋。 4 迩：近。

◉ 隆兴[1]初，有胡昉者，大言夸诞，当国者以为天下奇才，力加荐引。曾未数年，为两浙漕。一日，语坐客云：“朝廷官爵，是买吾曹[2]头颅，岂不可畏？”闻人伯卿在坐末，趋前云：“有买脱空[3]。”胡默然。

注释：

1 隆兴：南宋孝宗赵昚的年号。 2 吾曹：我们。 3 脱空：落空；没有着落；弄虚作假。

◉ 冯公具区髯晚出而早白，人问曰：“公髯几年变白？”公捻髯良久，曰：“未记与黑周旋。[1]”

注释：

1 未记与黑周旋：不记得与黑打过交道。

◉ 冯道[1]、和凝[2]同在中书[3]。一日，和问冯曰：“公靴新，价其值几何？”冯举左足示和曰：“九百。”和性褊急[4]，遽回顾小吏云："吾靴何得用一千八百？"因诟责久之。冯徐举其右足曰："此亦九百。"

注释：

1冯道：历仕后唐、后晋、后汉、后周四代十君，拜相二十余年，人称官场"不倒翁"。 2和凝：五代时官员。 3中书：中书省的简称。 4褊急：气量狭小，性情急躁。

◉ 王仲舒[1]为郎官[2]，与马逢[3]友善。每责逢曰："贫不可堪，何不求碑志见救[4]？"逢曰："适见谁家走马呼医[5]，吾可待也。"

注释：

1王仲舒：唐代文学家，官至中书舍人。 2郎官：指侍郎、郎中等职。 3马逢：唐代贞元、元和年间诗人。 4何不求碑志见救：何不替人家写碑文赚取润笔。 5走马呼医：骑马找医生，意思是家里有人病重。

◉ 朱异[1]遍治五经，涉猎文史，博弈书算，皆其所长。年二十诣都，沈约[2]戏语曰："卿年少，何乃不廉[3]？"

注释：

1朱异：南朝梁人。博学多才，为梁武帝所重，但贪财冒贿，穷奢极欲，品质卑劣。 2沈约：历仕南朝宋、齐、梁三代，著名的史学家、文学家。 3不廉：一语双关。既指朱异博学多才，又指其贪财冒贿，品格低下。

◉ 崔铣[1]作南祭酒[2]，罢归，囊无江南一物。谓人曰："人言祭酒是‘金’，我道祭酒如‘玉’耳。”

注释：

1 崔铣：明代学者，官至南京国子监祭酒。 2 南祭酒：即南京国子监祭酒。

◉ 徐献忠[1]每见诗文之佳者，曰：“此人肚内有丹。”

注释：

1 徐献忠：明代文人，以文章气节名。

◉ 罗汝鹏多髯，少年即白。一日，赴吊丧家，司丧者谓曰：“公年尚未，何早白乃尔？”罗对曰：“今日之来，不得不如此。”

◉ 唐姚南仲[1]廉察[2]陕郊，有客投刺[3]云李过庭者。南仲曰：“过庭之名甚新，未知谁家子弟？”姚岘作熟思曰：“恐是李趋儿[4]。”

注释：

1 姚南仲：唐代官员。 2 廉察：考察，视察。 3 投刺：投递名帖。 4 李趋儿：《论语》有“鲤趋而过庭”之语，原意是孔子的儿子孔鲤快步从庭前走过。此处姚岘用谐音，以“李”谐“鲤”。

◉ 窦怀贞为京兆尹[1]，神龙[2]之际，政令多门，京尉由墨敕入台[3]者，不可胜数。或谓怀贞曰：“县官相次入台，县事多办不？”怀贞对曰：“倍办于往时。”问其故，怀贞曰：“好者总在。”

［南宋］刘松年《西园雅集图》（局部）

［清］丁观鹏《明皇击鞠图》（局部）

注释：

1 京兆尹：官名。京都地区的行政长官。 2 神龙：唐中宗李显年号。 3 墨敕入台：墨敕，指由皇帝亲笔书写，不经外廷盖印而直接下达的命令。唐代制度，任免官吏，须经过吏部。中宗时，权宠用事，常由皇帝直接颁下敕书，斜封付中书，任命官吏。

◉ 张华[1]见褚陶[2]，语陆平原[3]曰："君兄弟[4]龙跃云津，顾彦先[5]凤鸣朝阳。谓东南之宝已尽，不意复见褚生。"陆曰："公未睹不鸣不跃者耳！"

注释：

1 张华：西晋政治家、文学家。 2 褚陶：西晋吴郡钱塘人。有才华，颇为张华赏识，荐于大臣陆机。 3 陆平原：陆机，吴郡吴县人。西晋文学家、官员。因曾任平原内史，故称。 4 君兄弟：指陆机与其弟陆云。 5 顾彦先：顾荣，字彦先，吴郡吴县人。东吴丞相顾雍之孙，西晋末年拥护司马氏政权南渡的江南士族首脑。

◉ 东坡在维扬[1]，一日设客，米元章[2]在座。酒半，元章忽起立云："世人皆以芾为颠，愿质之子瞻。"坡笑曰："吾从众。"

注释：

1 维扬：扬州的别称。 2 米元章：米芾，字元章。北宋书画家。他个性怪异，举止颠狂，因而人称"米颠"。

◉ 陆楚生远，进士陆大成从堂叔。大成发解南畿[1]，颇有声望。远每对人呼大成"舍侄"，人多厌之，咸以为言。时弇州[2]在座，曰："实是远阿叔[3]。"

注释：

1 发解南畿：在南京考中举人第一名。明清时乡试举人第一名称为解元，考中举人第一名为“发解”。南畿犹南都，明代指南京。 2 弇州：明代文学家王世贞别号“弇州山人”的省称。3 远阿叔：此为谐音双关。远，既指陆远之名，又谐“血缘关系疏远”之意。

◉ 潘长官尝要苏东坡，以坡不能饮，以醴[1]设之。坡笑曰：“此必错煮水也。”

注释：

1 醴：甜酒。

谐语第七

吴苑曰：语之次序，自慧、名、豪、狂、傲五种之下，不能细有标辨，以定安排。如冷之一义，有何关说而居众语上耶？直以语之有致无致，顺手拈录之耳。若此之谐与谑，与后之讽与讥，此二种乃大同而小异，不得不有先后。故次谐语第七。

◉ 东坡倅杭[1]，不胜杯酌[2]，部使者知公才望，朝夕聚首，疲于应接，乃号杭倅为“酒食地狱”。其后袁毂倅杭，适郡将不协，诸司缘此亦相疏，袁语所亲曰：“酒食地狱，正值狱空。”

注释：

1 倅杭：任杭州的副官。苏轼曾任杭州通判。 2 不胜杯酌：不胜酒力。

◉ 刘贡父觞客，苏子瞻有事欲起，刘以三果一药调之曰：“幸早里且从容[1]。”坡答曰：“奈这事须当归[2]。”满座大笑。

注释：

1 幸早里且从容：幸、早、里、从容，为三果杏、枣、李和一药肉苁蓉的谐音。 2 奈这事须当归：奈、这、事、当归，谐音柰、蔗、柿、当归，是以三果一药相对。

◉ 汉武游上林[1]，见一好树，问东方朔[2]，朔曰：“名‘善哉’。”

帝阴使人识其树。后数岁，复问朔。朔曰："名为'瞿所'。"帝曰："朔欺久矣！名与前不同，何也？"朔曰："夫大为马，小为驹；长为鸡，小为雏；大为牛，小为犊；人生为儿，长为老。且昔为'善哉'，今为'瞿所'，长少死生，万物败成，岂有定哉？"帝大笑。

注释：

1 上林：指上林苑。 2 东方朔：本姓张，字曼倩。西汉著名的文学家，性格诙谐，言辞敏捷，滑稽多智，常在汉武帝前谈笑取乐。

◉ 吴郡张融[1]，字思光，长史畅之子。尝谒太祖[2]于太极西堂，弥时方登。上笑曰："卿至何迟？"答曰："自地升天，理不得速。"

注释：

1 张融：南朝齐文学家、书法家。 2 太祖：指齐太祖萧道成。

◉ 王俭尝集有才之士，累物而丽之，谓之丽事[1]，自此始也。诸客皆穷，唯庐江何宪为胜，乃赏以五花簟、白围扇。宪坐簟执扇，意气甚自得。秣陵[2]王摛后至，操笔便成，事既焕美，词复华丽，摛乃命左右抽簟掣扇，登车而去。俭笑曰："所谓大力者负之而趋[3]。"诸士大笑。

注释：

1 丽事：以华丽的词藻形容美好的事物。 2 秣陵：南京古称。3 大力者负之而趋：语本《列子·汤问》。愚公移山，感动上天，天帝遂命大力神夸娥氏的两个儿子将太行、王屋二山背走了。

◉ 后魏高祖[1]名子曰恂、愉、悦、怿，崔光[2]名子励、勖、勉。高祖谓曰："我儿名旁皆有心，卿儿名旁皆有力。"答曰："所谓君子劳心，小人劳力。"

注释：

1 后魏高祖：指北魏孝文帝拓跋宏。 2 崔光：北魏名臣。封平恩县侯，授太子太保。

◉ 王元景尝大醉，杨遵彦[1]谓之曰："何太低昂[2]？"元景曰："黍熟头低，麦熟头昂，黍麦俱有，所以低昂矣。"

注释：

1 杨遵彦：杨愔，字遵彦。北齐宰相。 2 低昂：时高时低。

◉ 涪翁[1]尝和东坡《春菜》诗云："公如端为苦笋归，明日春衫诚可脱。"苏得诗，戏语曰："吾固不爱做官，遂直欲以苦笋硬差致仕[2]。"

注释：

1 涪翁：指黄庭坚，他晚年号涪翁。 2 遂直欲以苦笋硬差致仕：于是他便径直拿苦笋硬逼我退休。致仕，辞去官职，指官员退休。

◉ 刘烨[1]尝与刘筠[2]连骑趋朝，筠马病足，行迟，烨曰："君马何迟？"筠曰："只为五更三[3]。"烨曰："何不与他七上八[4]？"言点蹄则下马行也。

注释：

1 刘烨：北宋龙图阁直学士。 2 刘筠：北宋龙图阁直学士。3 五更三："三"后隐一"点"字。旧时以更计时，一夜五更，每更分三点。 4 七上八："八"后隐一"下"字。

◉ 东坡尝约刘器之同参玉版[1]，器之每倦山行，闻玉版，欣然从之。至帘泉寺，烧笋而食，器之觉笋味胜，问："此何名？"东坡曰："玉版[2]。此老师善说法，令人得禅悦之味。"器之乃悟。

注释：

1 玉版：僧名。 2 玉版：笋别名玉版。

◉ 柳耆卿[1]、苏长公[2]各以填词名，而二家不同。东坡问一优人[3]曰："我词何如柳学士？"优曰："学士那得比相公？"坡惊曰："如何？"优曰："公词须用丈二将军，铜琵琶，铁绰板[4]，唱相公的'大江东去'。柳学士却着十七八女郎，唱'杨柳外，晓风残月'。"坡为之抚掌[5]。

注释：

1 柳耆卿：柳永，字耆卿。 2 苏长公：指苏轼。其为苏洵长子，诗文雄视百代，时人尊之为"长公"。 3 优人：古代以乐舞、戏谑为业的艺人。 4 绰板：即拍板。乐器名。用来打拍子。 5 抚掌：拍手。

◉ 汉武帝诏赐从官肉，大官丞[1]日晏[2]不来，朔拔剑谓其同官曰："伏日[3]当早归，请受赐。"即怀肉去。大官奏之，朔入。上曰："昨赐肉，不待诏，以剑割肉而去，何也？"朔免冠谢。上曰："先生起自责！"朔再拜曰："朔来！朔来！受赐不待诏，何为礼也！拔剑割肉，一何壮也！割之不多，又何廉也！归遗细君[4]，又何仁也！"上曰："使先生自责，乃反自誉！"

注释：

1 大官丞：官名。主管饮食。 2 日晏：天色已晚。 3 伏日：三伏天。 4 细君：古时候称诸侯之妻为细君，后来成为妻子的通称。

◉ 王戎[1]妻语戎为卿，戎谓曰："妇那得卿婿[2]？于礼不顺。"答曰："我亲卿爱卿，是以卿卿；我不卿卿，谁当卿卿？"戎笑，遂听。

注释：

1 王戎：西晋名士，"竹林七贤"之一。 2 妇那得卿婿：妇人哪能称丈夫为"卿"。

◉ 郑玄[1]家奴婢皆读书。尝使一婢，不称旨，将挞之。方自陈说，玄怒，使人曳着泥中。须臾，复有一婢来，问曰："胡为乎泥中[2]？"答曰："薄言往诉，逢彼之怒[3]。"

注释：

1 郑玄：东汉末年经学大师。 2 胡为乎泥中：语出《诗经·式微》。 3 薄言往诉，逢彼之怒：语出《诗经·柏舟》。意思是前去诉苦说明，不想正好赶上他发怒。

◉ 王太尉[1]不与庾子嵩[2]交，庾卿[3]之不置。王曰：“君不得为尔。”庾曰：“卿自君我，我自卿卿。我自用我法，卿自用卿法。”

注释：

1 王太尉：指王衍。西晋末重臣。 2 庾子嵩：庾敳，字子嵩。西晋名士。 3 卿：当时人一般互称为“君”，对特别亲密的朋友或晚辈称“卿”。

◉ 晋元帝皇子生，普赐群臣。殷洪乔[1]曰：“皇子诞育，普天同庆。臣无勋焉，而猥颁厚赉。”中宗笑曰：“此事岂可使卿有勋耶？”

注释：

1 殷洪乔：殷羡，字洪乔。东晋官员。

◉ 康僧渊[1]目深而鼻高，王丞相每调之。僧渊曰：“鼻者面之山，目者面之渊。山不高则不灵，渊不深则不清。”王不能复答。

注释：

1 康僧渊：东晋僧人。

◉ 石曼卿[1]尝乘马出，驭者失控，马惊，曼卿堕马。从吏遽扶掖升鞍。曼卿曰：“赖我石学士也，若瓦学士，则跌碎矣。”

注释：

1 石曼卿：石延年，字曼卿。北宋官员、文学家。

◉ 裴子雨为下邳令，张晴为县丞，二人俱有声气而善言语。会论事移时[1]，吏相谓曰：“县官甚不和：长官称雨，赞府道晴，终日如此不和也。”

注释：

1 移时：时间拖得很久。

◉ 张端为河南司录，府当祭社[1]，买猪已呈尹，其夜突入录厅，端即令杀之。吏以白尹，尹问端，对曰：“按诸[2]无故夜入人家，登时杀之勿论。”尹大笑，为别市猪以祭。

注释：

1 祭社：祭土地神。 2 诸：与“猪”谐音。

◉ 梅圣俞[1]以诗知名，三十年终不得一馆职[2]。晚年与修《唐书》，语其妻刁氏曰：“吾之修书，可谓猢狲入布袋[3]。”刁曰：“汝之仕宦，何异鲇鱼上竹竿[4]！”

注释：

1 梅圣俞：梅尧臣，字圣俞。北宋诗人。 2 馆职：统称唐宋于昭文馆（唐时又称弘文馆）、史馆、集贤院等处担任修撰、编校等工作的官职。 3 猢狲入布袋：猴子钻进了布袋，意即再难出来。 4 鲇鱼上竹竿：鲇鱼要爬上竹竿，意即永远上不去。

◉ 石中立[1]尝与同列[2]观南园狮子，主者曰：“县官日破肉五斤饲之。”同列戏曰：“吾侪[3]反不及此狮子乎？”中立曰：“吾辈员外郎[4]，安敢比园内狮子？”

注释：

1 石中立：北宋官员，性疏旷，好谐谑。 2 同列：同僚。3 吾侪：我辈。 4 员外郎：官名。谐音“园外狼”。

◉ 伶官敬新磨[1]，以谑得罪庄宗[2]，庄宗大怒，弯弓射之。新磨急呼曰：“陛下无杀臣！臣与陛下为一体，杀之不祥！”庄宗惊问其故，对曰：“陛下开国，改元同光。且同，铜也，若杀敬新磨[3]，则无光矣。”帝释之。

注释：

1 敬新磨：五代后唐人，庄宗宠爱的优伶之一。 2 庄宗：后唐庄宗李存勖。 3 敬新磨：谐音“镜新磨”。

◉ 丁谓[1]尝以文谒王禹偁[2]，禹偁称其文与孙何[3]可比韩柳[4]，名遂大振。既而何冠多士[5]，谓登第四，自以为与何齐名，耻居其下。胪传[6]之际，殿下有言，太宗曰：“甲乙丙丁，合居第四，复何言？”

注释：

1 丁谓：北宋宰相。 2 王禹偁：北宋文学家。 3 孙何：北宋文人。 4 韩柳：指韩愈、柳宗元。 5 冠多士：即名列第一。6 胪传：即胪唱。科举时代，进士殿试后，皇帝召见，按名次唱名传呼。

◉ 阮德如[1]尝于厕见鬼，长丈余，色黑而眼大，着皂单衣，平上帻，去之咫尺。德如笑语之曰：“人言鬼可憎，果然！”鬼赧而退。

注释：

1 阮德如：晋代医家阮侃，字德如。

◉ 陆长源以旧德为宣武军行司马，韩愈为巡官。或讥年辈相悬，长源曰："大虫[1]老鼠，俱为十二属相，何怪之有？"

注释：

1 大虫：虎。

◉ 武林邹虞知延平，延平素产绣补[1]，亲友皆先从虞索之。后抵任，补绝少，惟四时多笋，过者以笋馈之，语曰："吾任损有余，补不足[2]也。"

注释：

1 绣补：绣花的褥垫。 2 损有余，补不足：谐音"笋有余，补不足"。

◉ 叶月潭[1]须髯初白，或告之曰："尊须有一二茎报信。"月潭遂于袖中取镊摘之，曰："报信者一钱[2]。"

注释：

1 叶月潭：晚明湖南桃源人。 2 钱：谐音"钳"。

◉ 江进之[1]举进士，其父贫甚，为报捷者索重赏，至困，大觉愤懑。罗汝鹏过而慰之曰："公且耐。生儿不肖，奈何？"闻者大笑。

注释：

1江进之：江盈科，字进之。明万历二十年进士。

◉ 袁中郎偶中热[1]减衣，丘长孺谓之曰："天且寒，何不加衣？"中郎曰："加则恐流鼻红[2]。"长孺笑曰："减则恐流鼻白[3]。"

注释：

1中热：内热。 2鼻红：鼻血。 3鼻白：鼻涕。

◉ 太仓王内阁荆石[1]，性僻洁，不轻接引。司寇凤洲[2]性坦易，多所容约。其乡人曹子念曰："内阁是常清常净天尊，司寇是大慈大悲菩萨。"

注释：

1王内阁荆石：王锡爵，号荆石。明代内阁首辅。 2司寇凤洲：王世贞，号凤洲，官至刑部尚书。司寇为刑部尚书的别称。

◉ 潘方凯性风流不恒，先与平康[1]妓钟举昵，后舍之，复与董素卿合。李本宁太史谓之曰："均一重也[2]，何舍金而取草[3]？"对曰："均一重也，为一正而一偏。"李笑曰："略觉输下耳。"

注释：

1平康：唐长安丹凤街有平康坊，为妓女聚居之地。"平康"后成为妓女居所的泛称。 2均一重也：指二妓姓中均有"重"字。钟，用作姓氏时繁体为"鍾"。 3何舍金而取草：金指钟举，草指董素卿。分别取两人姓氏部首。

◉ 梁吴均[1]有诗曰："秋风泷白水，雁足印黄沙。"沈约[2]语之曰："黄沙语太险。"均曰："亦见公诗云：'山樱发欲然。'"约曰："我始欲然，公已印讫。"

注释：

1 吴均：南朝梁文学家。 2 沈约：南朝梁史学家、文学家。

◉ 江西有驿官以干事[1]自任，白刺史驿已理，请一阅之。乃往，初一室为酒库，诸醖毕熟，其外画神，问曰："何也？"曰："杜康[2]。"又一室茶库，诸茗毕贮，复有神，问："何也？"曰："陆鸿渐[3]。"又一室曰菹库，诸茹毕备，复有神，问："何神也？"曰："蔡伯喈[4]。"

注释：

1 干事：办事干练。 2 杜康：传说中最早酿酒的人。 3 陆鸿渐：陆羽，字鸿渐。唐代著名的茶学专家，撰《茶经》三卷，被誉为"茶仙""茶圣"。 4 蔡伯喈：蔡邕，字伯喈。东汉时期著名文学家、书法家。"蔡"与"菜"谐音，故驿官随口附会。

◉ 驸马梅殷[1]守淮南，文皇[2]正位，罢兵入见，上曰："都尉功劳可念也。"对曰："臣领其半。"上曰："功劳惟有大小，安有全半？"对曰："劳而无功，非半乎？"

注释：

1 梅殷：明太祖朱元璋的女婿。 2 文皇：指明成祖朱棣。

◉ 道学者曰："天不生仲尼，万古如长夜。"刘谐曰："怪得羲皇以上圣人，尽日燃烛而行。”

◉ 张融[1]常乞假还，帝问所居，答曰：“臣陆居非屋，舟居非水。”上未解，问张绪，绪曰：“融近东山，未有居止，权牵小船上岸，住在其间。”上大笑。

注释：

1 张融：南朝齐文学家、书法家。

◉ 齐高祖[1]作隐语[2]，以“卒律葛答”为煎饼，复谓诸臣曰：“汝等为我作一谜，我为汝射[3]之。”石动筩[4]复云：“卒律葛答。”高祖射不得，问曰：“此是何物？”答曰：“是煎饼也。”高祖曰：“我始作之，何因更作？”动筩曰：“乘大家[5]热铛子头，更作一个。”高祖大笑。

注释：

1 齐高祖：指北齐高祖高欢。 2 隐语：指不直说本意而借别的词语来暗示的话。类似今之谜语，古亦称“廋辞”。 3 射：猜测。 4 石动筩：北齐人，以诙谐著称。 5 大家：宫中近臣或后妃对皇帝的称呼。

◉ 唐玄宗尝登北苑楼望渭水，见一醉人临水卧，问黄幡绰[1]曰：“此是何人？”黄曰：“是年满令史[2]。”上曰：“汝何以知？”对曰：“更一转入流。”

注释：

1 黄幡绰：唐玄宗时宫廷乐师。诙谐幽默，善于说笑逗趣。

2 令史：官名。隋唐时为三省、六部及御史台低级事务员之称，位卑秩下，不参官品，不入流。

◉ 玄宗尝与诸王会食，宁王[1]失口喷饭，直及龙颜，上曰："宁哥何以错喉[2]？"黄幡绰曰："非错喉，是喷嚏[3]。"

注释：

1 宁王：李宪，唐睿宗李旦长子，封宁王。死后被唐玄宗李隆基追谥为让皇帝。 2 错喉：食物误入气管。 3 喷嚏：谐音"喷帝"。

◉ 齐高祖尝令人读《文选》，有郭璞《游仙诗》，嗟叹称善。诸学士皆云："此诗极工，诚如圣旨。"石动筩起云："此诗有何能？若令臣作，即胜伊一倍。"高祖不悦，良久语云："汝是何人，自言作诗能胜郭璞一倍？岂不合死？"动筩即云："若不胜，臣甘合死。"乃扬声曰："郭璞《游仙诗》：'青溪千余仞，中有一道士。'臣作云：'青溪二千仞，中有两道士。'"高祖大笑，乃止。

◉ 石动筩尝于国学中看博士论难[1]云："孔子弟子，达者七十二人。"因问曰："达者七十二人，几人已着冠？几人未着冠？"博士曰："经传无文，何因得考？"动筩曰："已着冠有三十人，未着冠有四十二人。"博士曰："据何文？"曰："《论语》云'冠者五六人'，五六三十人也；'童子六七人'，六七四十二人也，岂非七十二人乎？"坐中皆大笑。

注释：

1 论难：辩论诘难。

◉ 隋侯白[1]州举秀才，至京，与越国公杨素[2]并马言话。路旁有槐树憔悴死，素乃曰："侯秀才理道过人，能令此树活不?"曰："能!"素云："何计?"曰："取槐树子于树枝上悬着即活。"素云："何也?"曰："子在，回何敢死[3]!"素笑，几堕马。

注释:

1侯白：字君素，隋代人。为人机灵善辩，尤擅俳谐杂说。2杨素：隋朝权臣、诗人。 3子在，回何敢死：语出《论语》，"子"指孔子，"回"指孔子弟子颜回。这里"子"指槐树子，"回"谐音"槐"。

◉ 侯白赴一人宴，后至。众曰："罚尔作谜，必不得幽隐难识及诡谲希奇，亦不假合而成人所不见者。"白即云："有物大如狗，面貌极似牛，此是何物?"或云是獐，或云是鹿，皆云不是。即令自解，云："此是犊子。"满座哗然。

◉ 杜正伦[1]讥任瓌怕妻，瓌曰："妇当怕者有三：初娶时如菩萨，岂人不怕菩萨?既生育如鬼子母[2]，岂人不怕鬼子母?年老面皱，如鸠盘荼[3]，岂有人不怕鸠盘荼耶?"

注释:

1杜正伦：初唐人，官至中书令。 2鬼子母：佛教神名。原为娑多药叉之女，发恶愿欲尽食王舍城中其他人家的小儿。经佛度化，转为保护小儿之神。 3鸠盘荼：佛书中讲一种食人精气的鬼，形如瓮状。常用来比喻丑妇。

◉ 唐吏部侍郎杨思玄[1]，恃外戚之贵，待选流[2]多不以礼而排斥之，为选人夏侯彪所讼，御史中丞郎馀庆弹奏免。中书令许敬宗曰：“竖知杨吏部之败也。”或问之，宗曰：“一彪一狼，共着一羊，不败何待？”

注释：

1 杨思玄：唐高宗时官至吏部侍郎、国子祭酒。 2 选流：候补、候选的官员。

◉ 丁晋公[1]自崖州[2]还，坐客论天下州郡何地最雄盛，公曰：“惟崖州地望最重。”客问其故，答曰：“宰相只作彼州司户参军，他州何可及？”

注释：

1 丁晋公：丁谓，北宋宰相，封晋国公，故称。曾被贬为崖州司户参军。 2 崖州：在今海南。当时为蛮荒之地。

◉ 秦太虚[1]为御史贾所弹，张文潜戏之曰：“千余年前贾生过秦[2]，今复尔也。”

注释：

1 秦太虚：秦观，字太虚，又字少游。“苏门四学士”之一。
2 千余年前贾生过秦：指西汉贾谊作《过秦论》指责秦朝过失。

◉ 周文襄[1]在吴中，好徜徉梵刹[2]，旌节所至，钟磬交接，每至佛殿，必拜。人或诮之，文襄笑曰：“即以年齿论，彼长我二三千岁，岂不值得一拜？”

注释：

1周文襄：周忱，谥文襄。明初名臣。 2梵刹：佛寺。

◉ 守备[1]太监某，挟贵夸诩，喜延接士大夫，独王司徒鸿儒不往。或以为言，王曰："往来虽无我，谈笑却有我。[2]"闻者大笑。

注释：

1守备：明清时武官名。 2往来虽无我，谈笑却有我：此处化用刘禹锡《陋室铭》："谈笑有鸿儒，往来无白丁。"

◉ 熊敦朴与馆选[1]，改兵部，左迁[2]通判，往辞张江陵[3]相公。公曰："公是我衙门内官，痛痒相关，此行宜着意。"熊曰："老师恐未见痛。"相公问故，答曰："王叔和《医诀》云：'通则不痛，痛则不通。'"相公大笑。

注释：

1馆选：被选任馆职。 2左迁：贬官。 3张江陵：指明朝宰相张居正，因其为湖北江陵人，故称之为张江陵。

◉ 安鸿渐[1]有清才而复惧内。妇翁[2]死，哭于路，其妻呼入繐幕中诟之曰："路哭，何因无泪？"复戒曰："来日早临，须见泪。"渐明日以巾纳湿纸置于额，大扣其颡[3]而恸。恸罢，其妻又呼入窥之，惊曰："泪何从额流？"对曰："水出高原。"闻者大笑。

注释：

1安鸿渐：北宋初年洛阳人。 2妇翁：岳父。 3颡：额头。

◉ 潘景升家虽贫，而客来者甚众，必百计以款送之。尝谓罗远游曰："人穷皆有底，余穷独无底。"罗曰："何也？"曰："穷客日来，岂有底乎？"罗曰："穷客日来，正是穷底。"

谑语第八

吴苑曰：诙谐戏谑，一类耳。一类而两之，非字之蛇足乎？字既蛇足，即许、李辈尚不能辨，况我耶？吾请以恧之所取诸语定二字耳。第戏不及虐为谐，及虐为谑，故谑字从虐，于此可以小分。乃次谑语第八。

◉ 王平甫躯干魁硕，而眉宇秀朗。尝盛夏入馆中，方下马，流汗浃衣，刘攽见而笑之曰："君真所谓汗淋学士[1]也。"

注释：

1 汗淋学士：谐音"翰林学士"。

◉ 贾嘉隐年七岁，以神童召见。时太尉长孙无忌、司空李勣于朝堂立语，李戏之曰："吾所倚者何树？"嘉隐对曰："松树。"李曰："此槐也，何忽言松？"嘉隐曰："以公配木，则为松树。"无忌连声问曰："吾所倚者何树？"曰："槐树。"公曰："汝不能复矫对耶？"嘉隐曰："何须矫对，但取其以鬼配木耳。"勣曰："此小儿作獠面[1]，何得如此聪明！"嘉隐又应曰："胡面尚为宰相，獠面何废聪明？"勣状貌胡也。

注释：

1 獠面：粗野丑陋的容貌。

◉ 东坡登禁林[1]，以高才狎辱诸公卿，率有标目[2]，殆遍，独于司马温公[3]不敢有所重轻。一日，与共论免役、差役[4]利害，偶不合。及归舍，方卸巾弛带，乃连呼曰："司马牛！司马牛！"

注释：

1 禁林：翰林院。 2 标目：指给人起绰号。 3 司马温公：司马光，死后追封温国公，故称。 4 免役、差役：免役，指王安石新政之"免役法"；差役，指宋初制定的"差役法"。

◉ 苏子瞻与姜制之饮，姜举令云："坐中各要一物，是药名。"乃指子瞻曰："君，药名也。子苏子。"子瞻答曰："君亦药名也。君若非半夏，定是厚朴。"众请其故，曰："非半夏，非厚朴，何故曰姜制之？"众皆绝倒。

◉ 秦少章云："郭功甫[1]尝过杭州，出诗一轴示东坡，先自吟诵，声震林木。既罢，谓东坡曰：'祥正此诗几分？'坡曰：'十分。'祥正喜之。坡曰：'七分来是读，三分来是诗。'郭不怿。"

注释：

1 郭功甫：郭祥正，字功甫。北宋诗人。

◉ 米元章居京师，被服怪异，带高檐帽，不欲置从者之手，恐为所涴[1]。既坐轿，为顶盖所碍，遂撤去，露帽而坐。一日出保康门，遇晁以道[2]，以道大笑。下轿握手，问："晁四，你道似甚底？"晁云："我道你似鬼章。"二人抚掌绝倒。时西边获贼寨首领鬼章，槛车[3]入京，故以道为戏。

注释：

1浼：污染，弄脏。 2晁以道：晁说之，字以道。北宋文人。 3槛车：用栅栏封闭的车。用于囚禁犯人或装载猛兽。

◉ 隋京兆杜公瞻[1]，卫尉台卿犹子[2]也。尝邀阳玠过宅，酒酣，因而嘲戏。公瞻谓："兄既姓阳，阳货[3]实辱孔子。"玠曰："弟既姓杜，杜伯实射宣王[4]。"

注释：

1杜公瞻：隋代文人。 2犹子：侄子。 3阳货：春秋时期鲁国权臣，是孔子在政治上非常鄙视和反对的"乱贼臣子"。 4杜伯实射宣王：杜伯为周宣王大臣。周宣王听说有女子危害周朝江山，把很多妇女、女婴都杀死了。杜伯劝谏，周宣王不听，杀死了杜伯。后来周宣王梦见杜伯射杀自己，得病而死。

◉ 殿内将军陇西牛子充尝谓阳玠曰："君羊有疥，恐不任厨。"玠曰："君牛既充，正可烹宰。"又见玠食芥菹[1]，曰："君身名玠，何得复啖芥菹？"对曰："君既姓牛，何得不断牛肉？"

注释：

1菹：腌菜。

◉ 太仓令张策在云龙门，与玠[1]议，理屈，谓玠曰："卿本无德量，忽共叔宝[2]同名。"玠抗声曰："尔既非英雄，敢与伯符[3]连讳。"

注释：

1 玠：指阳玠。 2 叔宝：晋卫玠，字叔宝。 3 伯符：三国吴孙策，字伯符。

◉ 太子洗马[1]兰陵萧诩，爽俊有才辩，尝谓阳玠曰："流共工[2]于幽州[3]，易北恐非乐土！"玠曰："放驩兜[4]于崇山[5]，江南岂是胜地！"

注释：

1 太子洗马：官职名。太子属官。 2 共工：古代传说人物，为"四凶"之一，被流放于幽州。 3 幽州：古代九州之一，在今河北北部及辽宁一带。属下文"易北"。阳玠是北方人。 4 驩兜：古代传说人物，为"四凶"之一，被流放于崇山。 5 崇山：相传为舜流放驩兜之地。旧说在今湖南一带。属下文"江南"。萧诩是南方人。

◉ 孙权尝飨蜀士费祎，逆敕[1]群臣伏食勿起。祎至，权为辍食，而群下不起。祎云："凤凰来翔，麒麟吐哺；骡驴无知，伏食如故。"

注释：

1 逆敕：预先命令。

◉ 邓艾[1]口吃，语称艾艾。晋文王[2]戏之曰："艾艾为是几艾？"对曰："凤兮凤兮[3]，故是一凤。"

注释：

1 邓艾：三国魏杰出的军事家、将领。 2 晋文王：指司马昭。魏时任大将军，专揽朝政，死后谥文，因此称晋文王。 3 凤兮凤兮：语出《论语》。“凤”指孔子。

◉ 晋蔡洪赴洛，洛中问曰：“幕府[1]初开，群公辟命，求英奇于仄陋，采贤俊于岩穴。吴楚之士，亡国之余，有何异才而应斯举？”答曰：“夜光之珠，不必出于孟津；盈握之璧，不必采于昆仑。大禹生于东夷，文王生于西羌，圣贤所出，何必常处？昔武王伐纣，迁顽民于洛邑，诸君得无是其苗裔乎？”

注释：

1 幕府：军政大吏的府署。

◉ 陆机在王武子[1]座，偶潘安[2]至，陆便起，安仁曰：“清风至，乱物起。”陆应曰：“众鸟集。”

注释：

1 王武子：王济，字武子。西晋骁骑将军、侍中。 2 潘安：即潘岳，字安仁。西晋著名文学家。

◉ 王导妻妒，导有众妾在别馆[1]，妻知之，持食刀将往。公遽命驾，患牛迟，手捉麈尾，以柄助打牛。蔡谟[2]闻之，后诣王，谓曰：“朝廷欲加公九锡[3]。”王自叙谦。蔡曰：“不闻余物，惟闻短辕犊车，长柄麈尾耳。”

注释：

1 别馆：行宫，别墅。 2 蔡谟：东晋重臣。 3 九锡：古代天子赐给诸侯、大臣的九种器物，是最高的礼遇。

◉ 晋张天锡从事中郎韩博，奉表并送盟文。博有口才，桓温甚称之。尝大会，温使司马刁彝谓博曰："卿是韩卢[1]后？"博曰："卿是韩卢后。"温笑曰："刁以君姓韩，固相问耳。他人自姓刁，那得是韩卢后？"博曰："明公未之思尔，短尾者则为刁[2]。"阖座哄然。

注释：

1 韩卢：俊犬名。 2 短尾者则为刁：取"貂不足，狗尾续"之意，"刁"谐音"貂"。

◉ 梁安成王萧攸，以文词擅名，所敌拟者，唯河东柳信言。然柳内虽不服，而莫与抗。及闻攸卒，时为吏部尚书。宾客候之，见其屈一足跳，连称曰："独步来，独步来。"众轰然大笑。

◉ 齐王元景为尚书，性虽懦缓[1]，而每事机捷。有一奴名典琴，尝旦起，令索食，谓之解斋[2]。典琴曰："公不作斋，何故尝云解斋？"元景笑曰："汝作字典琴，何处有琴可典？"

注释：

1 懦缓：宽柔，柔弱。 2 解斋：解除斋戒。

◉ 北海王晞，字叔朗，为大丞相府司马。尝共相祭酒卢思道禊饮[1]，晞赋诗曰："日暮应归去，鱼鸟见留连。"时有中使[2]召晞，驰马而去。明旦，思道问晞："昨被召以朱颜，得无以鱼鸟致责？"晞曰："昨晚陶然，颇以酒浆被责。卿等亦是留连之一物，何独鱼鸟而已？"

注释：

1褉饮：古时农历三月上巳日之宴聚。 2中使：宫中派出的使者，多指宦官。

◉ 范阳卢叔虎，有子十人，大者字畜生，最有才思。卢思道谓人曰："从叔有子十人，皆不及畜生。"

◉ 唐韦庆本两耳前卷，朝士多呼之为卷耳[1]，有女选入为妃。长安公松寿见而贺之曰："仆固知足下女得为妃。"庆本曰："何以知之？"松寿乃自摸其耳而卷之曰："卷耳，后妃之德。[2]"

注释：

1卷耳：《诗经》篇名。 2卷耳，后妃之德：语出《毛诗序》："《卷耳》，后妃之志也。"

◉ 秋官[1]侍郎狄仁杰，戏同官郎卢献曰："足下配马乃作驴。"献曰："中劈明公，乃成二犬。"杰曰："狄字，犬旁火也。"献曰："犬边有火，乃是煮狗。"

注释：

1秋官：即刑部。因秋主肃杀收敛，与刑部掌刑罚相当，故武则天改刑部为秋官。

◉ 张昌龄[1]谓苏味道[2]曰："某诗所以不及相公者，为无'银花合'[3]也。"苏曰："子诗虽无'银花合'，还有'金铜钉'。"昌龄有"今同丁令威[4]"之句。

注释：

1 张昌龄：唐初文人，张昌宗之弟。 2 苏味道：唐代诗人，以文采著称。 3 银花合：指苏味道《正月十五夜》"火树银花合，星桥铁锁开"之句。 4 今同丁令威：张昌龄诗有"昔日浮丘伯，今同丁令威"之句。

◉ 窦晓形容短小，眼大露睛。乐彦伟身长露齿。彦伟弄窦曰："足下甚有功德。"旁人怪问，彦伟曰："既复短肉，又复精进，岂不大有功德？"窦应曰："公自有大功德，因何道晓？"人问其故，窦曰："乐工小来长斋。"又问长斋之意，窦云："身长如许，口齿齐崖，岂不是长斋？"众大笑。

◉ 裴晋公度在相位日，有人寄槐瘿一枚，欲削为枕。时郎中庾威，世称博物，召请别之。庾捧玩良久，白曰："此槐瘿是雌树生者，恐不堪用。"裴曰："郎中甲子多少？"庾曰："某与令公同是甲辰生。"公笑曰："郎中便是雌甲辰。"

◉ 白居易与张祜初相见，谓曰："久钦藉甚，记得款头[1]诗。"祜愕然曰："舍人何所谓？"白曰："鸳鸯钿带抛何处，孔雀罗衫属阿谁。[2]非款头诗何邪？"张笑而答曰："祜亦记得舍人目连变[3]。"白曰："何也？"曰："上穷碧落下黄泉，两处茫茫皆不见[4]。非目连变何邪？"

注释：

1 款头：官府讯问犯人时写在纸上的问题。 2 鸳鸯钿带抛何处，孔雀罗衫属阿谁：出自张祜《感王将军柘枝妓殁》。 3 目连变：目连变文，叙述佛弟子目连历尽艰险救母出地狱的故事。4 上穷碧落下黄泉，两处茫茫皆不见：出自白居易《长恨歌》。

◉ 晋张湛好于斋前种松柏。袁山松出游，好令左右作挽歌。时人谓张"屋下陈尸"，袁"道上行殡"。

◉ 陆士龙[1]、荀鸣鹤[2]二人未相识，俱会张茂先所。茂先令接语。以并有大才，可勿常语。陆抗声曰："云间陆士龙。"荀曰："日下荀鸣鹤。"陆曰："既开青云，睹白雉，何不张尔弓，布尔矢？"荀曰："本谓云龙骙骙，乃是山鹿野麋。兽微弩强，是以发迟。"张抚掌大笑。

注释：

1 陆士龙：西晋文学家陆云，字士龙。 2 荀鸣鹤：荀隐，字鸣鹤。西晋颍川人。

◉ 晋刘道真遭乱，于河侧与人牵船，见一老妪操橹，道真嘲之曰："女子何不调机弄杼，因甚旁河操橹？"女曰："丈夫何不跨马挥鞭，因甚傍河牵船？"

◉ 刘文树髭生颔下，貌类猴，恐黄幡绰见嘲，乃密赂之。幡绰言曰："文树不似猢孙，猢孙强似文树。"

◉ 唐进士曹唐游仙诗，才情缥缈。岳阳守李远每吟其诗而思其人。一日，曹往谒之，李倒屣[1]而迎。曹仪质充伟，李戏之曰："昔者未见标仪，将谓可乘鸾鹤；此时拜见，安知壮水牛不胜其载！"

注释：

1 倒屣：急于出迎，把鞋倒穿。

◉ 刘谅[1]为湘东王[2]所善，湘东一目眇[3]。一日，与谅共游江滨，叹秋望之美，谅曰："今日可谓帝子降于北渚。"湘东曰："卿言目眇眇而愁予耶？"[4]从此嫌之。

注释：

1 刘谅：南朝梁人，有文才。 2 湘东王：指梁元帝萧绎，登基前曾被封湘东王。曾因病而致一目失明。 3 眇：一目失明。 4 谅曰："今日可谓帝子降于北渚。"湘东曰："卿言目眇眇而愁予耶？"：二人语皆出屈原《九歌·湘夫人》："帝子降兮北渚，目眇眇兮愁予。"

◉ 侯白好俳谑。一日，杨素与牛弘退朝，白语之曰："日之夕矣。"素曰："以我为牛羊下来耶！"[1]

注释：

1 白语之曰："日之夕矣。"素曰："以我为牛羊下来耶！"："日之夕矣，牛羊下来"语出《诗经·君子于役》。

◉ 柳机、柳昂在周朝，俱历要任。隋文帝受禅，并为外职。时杨素方用事，因文帝赐宴，素戏语机曰："二柳俱摧。"机答曰："不若孤杨独耸。"

◉ 宗如周面狭长，萧詧[1]戏之曰："卿何为谤经？"如周曰："身自来不谤经。"蔡大宝曰："卿当不谤余经，正应不信《法华》尔。"盖《法华经》云："闻经随喜[2]，面不狭长。"如周乃悟。

注释：

1 萧詧：梁武帝萧衍之孙。 2 闻经随喜：谓欢喜之意随闻经而生。

◉ 李至刚以罪褫[1]衣冠，平巾[2]入史馆供职，自称"修史人李至刚"。于是，馆职中人故涩言曰："羞死人李至刚。"

注释：

1 褫：剥夺。 2 平巾：古时官吏被遣归所戴的平顶帽。

◉ 刘阁老尝议丘文庄[1]著述，戏曰："丘仲深有一屋散钱，只欠索子[2]。"丘应曰："刘希贤有一屋索子，只欠散钱。"

注释：

1 丘文庄：丘濬，字仲深。明孝宗朝文渊阁大学士，谥号文庄。 2 索子：绳子。

◉ 陆式斋迁职方[1]，李西涯为学士，戏曰："先生知幾[2]，故入职方。"陆应曰："先生附热，故入翰林。"

注释：

1 职方：古官名。《周礼》夏官所属有职方氏。唐宋至明清皆于兵部设职方司。 2 知幾：有预见，能看出事物发生变化的隐微征兆。

◉ 聂大年眇一目，聘至燕。有欲识之者，童大章曰："其人无甚奇，但多一耳，少一目而已。"

◉ 有迁楚藩者，李于鳞[1]以诗送之，曰："江汉日高天子气，楼台秋入大王风。"其人见之，大骇曰："非送我也！此前人贺陈友谅登极诗，李郎不宜偷以赠我。"

注释：

1 李于鳞：李攀龙，字于鳞。明代著名文学家，倡导文学复古运动，"后七子"领袖人物。

◉ 孔文举年十岁，随父到洛。时李元礼有盛名，为司隶校尉。诣门者皆俊才清士及中表亲戚乃通。文举至门，谓吏曰："我是李府君亲。"既通，前坐。元礼问曰："君与仆有何亲？"对曰："昔先君仲尼，与君先人伯阳，有师资之尊[1]，是仆与君奕世为通好也。"元礼及宾客莫不奇之。太中大夫陈韪后至，人以其语语之，韪曰："小时了了，大未必佳。"文举曰："想君小时，必当了了。"韪大踧踖[2]。

注释：

1 师资之尊：指孔子曾问学老子（姓李，名耳，字伯阳）之事。 2 踧踖：恭敬而局促不安的样子。

◉ 诸葛瑾[1]为豫州，遣别驾到台，语云："小儿知谈，卿可与语。"连往诣恪[2]，恪不与相见。后于张辅吴坐中相遇，别驾唤恪："咄咄郎君！"恪因嘲之曰："豫州乱矣，何咄咄之有？"答曰："君明臣贤，未闻其乱。"恪曰："唐尧在上，四凶在下。"答曰："非惟四凶，亦有丹朱[3]。"于是一坐大笑。

注释：

1诸葛瑾：三国时期吴国大臣，诸葛亮之兄，诸葛恪之父，任豫州牧。 2恪：指诸葛恪，为诸葛瑾之子。他善于应辩，在吴国官至太傅。 3丹朱：唐尧的长子，相传不肖。此处指诸葛恪。

◉ 王浑[1]与妇钟氏共坐，见武子[2]从庭过，浑欣然谓妇曰："生儿如此，足慰人意。"妇笑曰："若使新妇[3]得配参军[4]，生儿故可不啻如此！"

注释：

1王浑：三国魏后期至西晋初期的大臣。 2武子：王济，字武子，王浑之子。 3新妇：钟氏自称。 4参军：指王浑之弟王沦。

◉ 张吴兴年八岁，亏齿。先达知其不常，故戏之曰："君口中何为开狗窦[1]？"张应声答曰："正使君辈从此中出入！"

注释：

1狗窦：狗洞。

◉ 庾园客[1]诣孙监[2]，值行，见齐庄[3]在外，尚幼，而有神意。庾试之曰："孙安国何在？"即答曰："庾稚恭家。"庾大笑曰："诸孙大盛，有如此儿！"又答曰："未若诸庾之翼翼。"还，语人曰："我故胜，得重唤奴父名。"

注释：

1庾园客：庾爱之，小名园客，是庾翼（字稚恭）的儿子。

［南宋］刘松年《十八学士图》（局部）

［南宋］梁楷《右军书扇图》

2 孙监：孙盛，字安国，任秘书监，所以称孙监。 3 齐庄：孙放，字齐庄，是孙盛的儿子。

◉ 习凿齿、孙兴公未相识，同在桓公坐。桓语孙："可与习参军共语。"孙云："蠢尔蛮荆，敢与大邦为仇？[1]"习云："薄伐猃狁，至于太原。[2]"

注释：

1 蠢尔蛮荆，敢与大邦为仇：语出《诗经·小雅》。古时候中原人瞧不起荆楚之地的人。习凿齿为襄阳人，属于荆楚之地的人。2 薄伐猃狁，至于太原：语出《诗经·小雅》。"猃狁"即犬戎，为西北游牧民族。孙兴公为太原人。

◉ 桓豹奴[1]是王丹阳混[2]外甥，形似其舅，桓甚讳之。宣武[3]云："不恒相似，时似耳！恒似是形，时似是神。"桓愈不悦。

注释：

1 桓豹奴：桓嗣，小字豹奴。桓温之侄。 2 王丹阳混：王混，曾任丹阳尹，故称。 3 宣武：指桓温。

◉ 王文度[1]、范荣期[2]俱为简文[3]所要。范年大而位小，王年小而位大。将前，更相推在前。既移久，王遂在范后。王因谓曰："簸之扬之，糠秕在前。"范曰："淘之汰之，沙砾在后。"

注释：

1 王文度：王坦之，字文度。东晋名臣。 2 范荣期：范启，字荣期。东晋时人，官至黄门侍郎。 3 简文：指晋简文帝司马昱。

◉ 姜师度[1]好沟洫[2]，所在必发众穿凿，虽时有不利，而成功亦多。先是，太史令傅孝忠善占星纬，人为之语曰："傅孝忠两眼看天，姜师度一心穿地。"

注释：

1 姜师度：唐代人。曾任司农卿、造作大将等职。 2 沟洫：农田水利。

◉ 高骈[1]镇成都，命酒佐[2]薛涛[3]作一字令曰："须是一字象形，又须逐韵。"公曰："口，有似没量斗。"涛曰："川，有似三条椽。"公曰："奈何一条曲？"涛曰："相公为西川节度，尚使没量斗。酒佐三条椽，内惟一条曲，何足怪？"

注释：

1 高骈：晚唐名将。历任天平、西川、荆南、镇海、淮南等五镇节度使。 2 酒佐：劝酒的歌妓。 3 薛涛：与刘采春、鱼玄机、李冶并称唐代四大女诗人，与卓文君、花蕊夫人、黄娥并称蜀中四大才女。

◉ 桓温自比宣王[1]、刘琨之俦[2]，征还北方，得一婢，问之，乃刘琨妓女也。一日问曰："吾似刘司空不？"曰："似甚。"曰："何似？"曰："面甚似，恨薄；眼甚似，恨小；须甚似，恨赤；形甚似，恨短；声甚似，恨雌。"温于是褫冠解带，昏然而睡，不怡者累日。

注释：

1 宣王：指司马懿。其次子司马昭封晋王后，追谥司马懿为宣王。　2侪：辈，同类。

◉ 齐地多寒，春深未莩甲[1]。方立春，有村老挈苜蓿一筐以馈艾子，且曰："初生，未敢尝，谨先以荐。"艾子喜曰："烦汝致新。我享之后，次及何人？"曰："献公罢，即以喂驴也。"

注释：

1莩甲：发芽。

◉ 吴阁老宽[1]，致仕到家，访山人邢量。邢方自炊爨[2]，公曰："卿亦知调羹[3]耶？"邢曰："如公之扣蓬门，终是勉强从事。"

注释：

1吴阁老宽：吴宽，明代名臣、诗人。阁老，明清时对翰林中掌诰敕的学士的称呼。吴宽曾任翰林修撰，故称。　2炊爨：烧火做饭。　3调羹：调和羹汤，泛指烹调。

◉ 王凤洲门有客着棋者甚劣，见公至，起曰："某棋不足观。"公曰："君棋甚佳，但长不落。"

◉ 苏州严相公讷[1]，面麻[2]，俚语于苏州有盐豆之诮。河南高相公拱[3]作文，常用腹稿，俚语于河南有盗草之诮。二公相遇，高诮严曰："公豆在面上。"严曰："公草在腹中。"

注释：

1苏州严相公讷：严讷，江苏常熟人。明代嘉靖年间官员，官至吏部尚书、武英殿大学士。　2面麻：脸上有麻子。　3河南高相公拱：高拱，河南新郑人。明代大臣，官至内阁首辅。

◉ 吴门妓张好儿，虽是徐娘老景，然婉丽而美，少年争交欢之。有太医院目[1]杜君拉游虎丘，觑张曰："老便老，终是小娘[2]。"张答曰："小便小，终是老爹[3]。"同游者无不捧腹。

注释：

1太医院目：太医院的吏目。属太医院的参佐官，品秩较低。 2小娘：旧称歌女或妓女为小娘。 3老爹：明清时对品秩较低的官吏的称呼。

◉ 蔡君谟[1]戏陈亚曰："陈亚有心终是恶。"陈应曰："蔡襄无口便成衰。"

注释：

1蔡君谟：蔡襄，字君谟。北宋著名书法家、政治家，权相蔡京的从兄。

◉ 司马宣王辟周泰为新城太守，尚书钟毓调泰曰："君释褐[1]登宰府，三十六日，拥麾盖，守兵马郡。乞儿乘小车，一何驶！"泰曰："君，名公之子，少有文彩，固守吏职。猕猴乘土牛，一何迟也！"

注释：

1释褐：脱去平民衣服。指始任官职。

◉ 卢思道尝谓通直郎渤海封孝骞曰："卿既姓封，是封豕[1]之后。”骞曰：“卿既姓卢，是卢令[2]之裔。”

注释：

1 封豕：指大猪。 2 卢令：指猎犬。

◉ 沈存中[1]方就浴，刘贡父遽哭之曰：“存中可怜已矣！”众愕问之，曰：“盆成括也[2]。”

注释：

1 沈存中：沈括，字存中。北宋政治家、科学家。 2 盆成括也：语出《孟子·尽心下》：“盆成括仕于齐。孟子曰：‘死矣，盆成括！’”盆成括为人名，此处谐音“盆盛括”。

◉ 殿中丞丘濬，尝在杭州谒释珊，见之殊傲。顷之，有州将子弟来谒，珊降阶接之甚恭。丘不能平，伺子弟退，乃问珊曰：“和尚接濬甚傲，而接州将子弟乃尔恭耶？”珊曰：“接是不接，不接是接。”濬勃然起，杖珊数下，曰：“打是不打，不打是打。”

◉ 曹娥秀，京师名妓也。赋性聪慧，色艺俱绝。一日，鲜于伯机[1]开宴，座客皆名士。鲜于因事入内，命曹行酒，适遍，公出自内，客曰：“伯机未饮。”曹亦曰：“伯机未饮。”客笑曰：“汝以伯机相呼，可谓亲爱之至。”鲜于佯怒曰：“小鬼头敢如此无礼！”曹曰：“我呼伯机便不可，只许尔叫王羲之也。”一座大笑。

注释：

1 鲜于伯机：鲜于枢，字伯机。元代著名书法家。

◉ 程师孟知洪州，作静堂，自爱之，无日不到，作诗曰："每日更忙须一到，夜深常是点灯来。"李元规笑曰："此登溷[1]诗也。"

注释：

1 溷：厕所。

◉ 王文穆[1]夫人悍妒，欲置左右，竟不可得。后宅圃中作堂，名"三畏[2]"。杨文公[3]戏之曰："可改作四畏。"公问故，曰："兼畏夫人。"

注释：

1 王文穆：王钦若，谥文穆。北宋初期政治家，真宗朝为相。 2 三畏：语出《论语·季氏》："君子有三畏：畏天命，畏大人，畏圣人之言。" 3 杨文公：杨亿，谥文。北宋文学家，"西昆体"诗歌主要作家。

◉ 王定国寄书于东坡，答书云："新诗篇篇皆奇，老拙此回真不及矣。穷人之具[1]，辄欲交割与君。"魏道辅见而笑曰："定国亦难作交代，只是权摄[2]已耳！"

注释：

1 穷人之具：诗穷而后工，这里指诗。 2 权摄：暂时代理。

◉ 李居仁与郑辉为友，居仁年逾耳顺，须尽白。辉少年轻侮，乃呼之为李公，居仁于是尽摘其须去之。一日，辉乃佯惊曰："数日不见，而丰采顿异，何也？"居仁整容喜曰："如何？"曰："昔日皤然[1]一公，今日公然一婆。"

注释：

1 皤然：须发白的样子。“皤”谐音“婆”。

◉ 桓温少与殷浩友善，浩尝作诗示温，温玩之曰：“汝慎勿犯我，当出汝诗示人。”

◉ 曹公送祢衡[1]于刘表，众咸祖[2]之，且相戒曰：“祢衡勃虐无礼，今因其后至，当以不起折[3]之也。”及衡至，众人莫肯兴[4]，衡坐而大号。众问其故，衡曰：“坐者为冢，卧者为尸，尸冢之间，能不悲乎！”

注释：

1 祢衡：东汉末名士。个性刚直，恃才傲物。 2 祖：引申为饯行。 3 折：折辱。 4 兴：起身，起来。

◉ 陈眉公好赏雪，每谓客曰：“古今二钝汉：袁安闭门[1]，子猷返棹[2]。明是避寒，作许题目[3]。”

注释：

1 袁安闭门：《后汉书·袁安传》：“时大雪，积地丈余，洛阳令身出案行，见人家皆除雪出，有乞食者。至袁安门，无有行路，谓安已死。令人除雪入户，见安僵卧。问：‘何以不出？’安曰：‘大雪，人皆饿，不宜干人。’令以为贤，举为孝廉。” 2 子猷返棹：《世说新语·任诞》：“王子猷居山阴，夜大雪，眠觉，开室，命酌酒。四望皎然，因起彷徨，咏左思《招隐诗》，忽忆戴安道。时戴在剡，即便夜乘小船就之。经宿方至，造门不前而返。人问其故，王曰：‘吾本乘兴而行，兴尽而返，何必见戴？’” 3 题目：借口，名堂。

◉ 我太祖[1]问陈君佐[2]曰：“朕似前代何君？”对曰：“陛下酷似神农。”上问其故，曰：“若非神农，何以得尝百草？”上悟，大笑。盖军中乏粮，士卒多以草根木皮为食，上亦同之。

注释：

1 我太祖：指明太祖朱元璋。 2 陈君佐：明初御医，言谈诙谐。

◉ 王僧虔子慈，年十岁，同蔡兴宗子约，入寺礼佛，正见沙门[1]等忏悔。约戏之曰：“众僧今日何乾乾[2]？”慈应曰：“卿如此不知礼，何以兴蔡氏之宗[3]？”

注释：

1 沙门：僧侣。 2 众僧今日何乾乾：乾乾，敬慎勤勉的样子。此句暗藏王慈之父名“僧虔”。蔡约当面称人父讳，因此被王慈批评为不知礼。 3 何以兴蔡氏之宗：暗藏蔡约之父名“兴宗”。

◉ 谢超宗见王慈学书，谓之曰：“卿书何如虔公[1]？”答曰：“慈书与大人，如鸡之比凤。”超宗，凤子也。

注释：

1 虔公：王慈之父王僧虔。

◉ 北妓张莲英，惠甚。何雪渔[1]与之密，因同寝，抚张私处，戏之曰：“此是朝天莲。”张曰：“非也，是夜舒荷[2]。”

注释：

1 何雪渔：何震，号雪渔。明朝著名篆刻家、书法家。 2 夜舒荷：谐音“夜需何”。

◉ 陈进士为歙令，墨[1]声甚著，后改为南京大理评事。司徒方定之笑曰："陈公昔为富翁，今为评事[2]，怪哉！"

注释：

1 墨：贪墨，贪污。 2 评事：谐音"贫士"。

◉ 楚僧练江，能诗，善蹴踘。袁小修以书荐之潘景升许。潘正诵《楞严》，诵毕始相见。僧曰："居士苦诵经，是谓有发僧。"潘笑曰："和尚好蹴圆，亦是无发居士。"

◉ 李太史与某公善，李夫人姓王，某公夫人姓甘。一日，王夫人病目。某戏李曰："王昏而不能进[1]。"李答曰："甘为人下而不辞，何也？"

注释：

1 王昏而不能进：出自《孟子·梁惠王上》："王曰：'吾惛，不能进于是矣。'"

◉ 薛道衡聘南，至一寺礼拜。堂上一僧读《法华》，戏曰："鸠盘荼鬼，今在门外。"道衡即以《法华经》答云："毗舍阇鬼，乃在其中。"

◉ 徐陵聘隋，谓卢思道曰："昔殷迁顽民，本居兹邑，今存并是其人。"思道答曰："昔永嘉南渡，尽居江左。今之存者，惟君一人。"

◉ 李大壮畏妻特甚。妻病，求鸦为药。时积雪未消，难于网捕。

妻怒，欲加捶楚。大壮涉泥出郊，用粒食引致之，仅获一枚。友人戏曰："圣人以来凤为仪，李郎以获鸦免祸。"

◉ 林瑀、王洙同作直讲[1]，林问王曰："何相见之阔也？"答云："遭此霖雨[2]。"

注释：

1 直讲：官名。辅助博士讲授经学。 2 霖雨：谐音"林瑀"。

◉ 东坡在黄，即坡之下种稻，为田五十亩，自牧一牛。一日，牛病，呼牛医疗之，云不识症状。王夫人多智，多经涉[1]，谓坡曰："此牛发豆斑，疗法：当以青蒿作粥啖之。"如言而效。后举似章子厚云："我自谪居后，便作老农，更无乐事，岂知老妻犹能接黑牡丹[2]也！"子厚曰："我更欲留与君语，恐人又谓从牛医儿来，姑且去。"坡大笑。

注释：

1 经涉：经历。 2 黑牡丹：此处指牛。

清语第九

吴苑曰：晋人尚清谈，清谈之语，除世务之外，凡风流豪爽、放达高傲之类，皆清也。是前人所取之义广。吾既以此区分类别，则清之义，不得不隘矣。淘之汰之，则在山林之士乎？乃次清语第九。

◉ 戴仲若颙[1]，春日携双柑斗酒。人问何之，颙答曰："往听黄鹂声。此俗耳针砭，诗肠鼓吹[2]。"

注释：

1 戴仲若颙：戴颙，字仲若。东晋名士戴安道之子，善鼓琴。 2 鼓吹：原意为鼓吹乐，这里引申为辅佐、羽翼之义。

◉ 潘师正[1]居嵩山逍遥谷，唐高宗召问所须，师正对曰："臣所须者，茂松清泉，山中不乏。"

注释：

1 潘师正：唐代著名道士。

◉ 田游岩[1]频召不出。唐高宗幸嵩山，亲至其门，游岩野服出拜，仪止谨朴。帝问："先生比[2]佳不？"游岩对曰："臣所谓泉石膏肓，烟霞痼疾。"

注释：

1 田游岩：唐代著名隐士。 2 比：近来。

◉ 王右军[1]既去官，与东土人士营山水弋钓[2]之娱。又与道士许迈共修服食，遍采名药，不远千里。游东中诸郡名山，泛沧海，叹曰："我卒当以乐死！"

注释：

1 王右军：王羲之，官至右军将军，故称。 2 弋钓：射鸟钓鱼。

◉ 陶征士[1]尝言："五六月北窗下卧，凉风暂至，自谓是羲皇上人[2]。"

注释：

1 陶征士：指陶渊明。征士，指不接受朝廷征聘的隐士。
2 羲皇上人：羲皇指伏羲氏。古人想象羲皇之世人民都恬静闲适，故隐逸之士自称羲皇上人。

◉ 有客过陈眉公岩栖草堂，问："是何感慨而甘栖遁[1]？"陈拈古句答曰："得闲多事外，知足少年中。"问："是何功课？"曰："种花春扫雪，看箓夜焚香。"问："是何利养？"曰："砚田无恶岁，酒谷有长春。"问："是何往还？"曰："有客来相访，通名是伏羲。"

注释：

1 栖遁：隐居遁世。

◉ 宗少文[1]好山水，所至皆图之，以张于室，谓人曰："抚琴动操，欲令众山皆响。"

注释：

1 宗少文：宗炳，字少文，南朝宋画家。

◉ 孔稚珪[1]风韵清疏，门庭之内，草莱不剪，中有蛙鸣，稚珪曰："以此当两部鼓吹[2]。"

注释：

1 孔稚珪：南朝齐骈文家。 2 鼓吹：演奏乐曲的乐队。

◉ 谢譓[1]不妄交接，门无杂宾。有时独醉，尝曰："入吾室者，但有清风；对吾饮者，惟许明月。"

注释：

1 谢譓：南朝梁右光禄大夫。

◉ 吾乡汪曼容，工古篆刻，老而愈精，即文三桥、何雪渔不及也。结室黄萝山下，曰"一树庵"，日诵呗[1]其中。偶有事暂至市，裾袖间冉冉有白云时出，事毕即返。人或问曰："何返之速也？"答曰："白云伴我出市，安可不送白云入山？"

注释：

1 诵呗：唱诵佛经。

◉ 孙腾、司马子如尝共诣李元忠[1]，逢其方坐树下，拥被对壶，庭室芜旷。使婢卷两褥质酒[2]，徐谓二人曰："不意今日披藜藿也。”

注释：

1李元忠：北魏大臣。其性恬淡，虽居要职，却常以声酒自娱。 2质酒：换酒。

◉ 罗远游家呈坎山中，多古书旧帖。曹臣常过之，数日不归。一日，臣欲急归，罗留之，不允。时天欲雨，邻山初合，松竹之颠，半露云表，指谓臣曰：“汝纵不恋故人，忍舍此米家笔[1]耶？”复留累日[2]。

注释：

1米家笔：北宋米氏父子（米芾和米友仁）山水画多呈现烟峦缥缈、云雾蒙蒙的景致。此处借指当时云山烟树的空蒙景象。 2累日：数日，多日。

◉ 梅岭悬峭，登者如弹珠千仞，神骨俱悚。过此复又小康，人骑始得暂息。熊际华度之，心目契领，羡曰：“山不先示人以易，此山灵着意处也！”

◉ 晋简文入华林园，顾谓左右曰：“会心处不必在远，翳然[1]林木，便自有濠濮间想[2]也。觉鸟兽禽鱼，自来亲人。”

注释：

1翳然：浓荫遮蔽的样子。 2濠濮间想：典出《庄子·秋水》，说的是庄子和惠施游于濠梁之上，辩论水中的鱼是否快乐之事；又，庄子在濮水钓鱼，楚王派人请他出来做官，庄子说他宁愿做污泥中的活龟，也不做宗庙里的死龟。后来人们便常用“濠濮间想”来表示闲适惬意、自由自在的生活情趣。

◉ 顾长康从会稽还，人问其山川之美，顾云：“千岩竞秀，万壑争流；草木蒙笼其上，若云兴霞蔚。”

◉ 晋明帝问谢鲲[1]：“君自谓何如庾亮[2]？”答曰：“端委庙堂，使百官整则，臣不如亮。一丘一壑，自谓过之。”

注释：

1 谢鲲：东晋名士。生性豁达，通简有高识。 2 庾亮：东晋时期外戚、名士。

◉ 王子猷寄人空宅住，便令种竹。或问：“暂住，何烦尔？”王啸咏良久，直指竹曰：“何可一日无此君？”

◉ 刘野亭[1]归乡，有权贵来访，皆不见。或风[2]之，答曰：“才与狼虎隔途，何忍遽与鸡犬相别？”

注释：

1 刘野亭：明代官员。 2 风：通“讽”，规劝。

◉ 苏郡隐士王宾[1]，遁迹西山中。姚少师广孝[2]以旧好访之山中，谓曰：“寂寂空山，何堪久住？”答曰：“多情花鸟，不肯放人。”

注释：

1 王宾：明代隐士。通经善医，与姚广孝相善。 2 姚少师广孝：姚广孝，法名道衍。明朝政治家、佛学家。朱棣登基后，封为太子少师。

◉ 熊际华过吉水邹南皋[1]里，乐其幽寂，常忘归。每归，谓所亲曰："一入邹里，水石泠泠，便使人有廉励之想。及与人语，水石又逊下风。"

注释：

1 邹南皋：邹元标，号南皋。万历年间进士，任谏官，以敢言著称。

◉ 李永和[1]杜门却扫[2]，绝迹下帷，弃产营书，手自删削。每叹曰："丈夫拥书万卷，何暇南面[3]百城？"

注释：

1 李永和：北魏藏书家。 2 杜门却扫：关上大门，扫除车迹。指闭门谢客，不和外界往来。 3 南面：古代以坐北朝南为尊位，故帝王、诸侯见群臣，或卿大夫见僚属，皆面向南而坐，因用以指居帝王或诸侯、卿大夫之位。

◉ 渊明尝闻田间水声，倚杖听之。叹曰："秫稻已秀，翠色染人。时剖胸襟，一洗荆棘。此水过吾师丈人矣。"

◉ 郗诜[1]数月山行，喜闻樵语牧唱，曰："洗尽五年尘土肠胃。"欣然倚驺临水，久之乃去。

注释：

1 郗诜：西晋时人，官至尚书左丞、雍州刺史。

◉ 关文衍[1]为散骑常侍，画九华山图于白绫半臂，号“九华半臂”。自云：“令吾此身常自在云泉之内。”

注释：

1 关文衍：南朝宋人。

◉ 刘尹[1]云：“清风朗月，辄思玄度[2]。”

注释：

1 刘尹：刘惔，东晋著名清谈家。曾任丹阳尹，故称。 2 玄度：许询，字玄度，东晋时人。好游山水，善析玄理，是当时清谈家的领袖之一。

◉ 南安翁者，漳州陈元忠客居南海日，尝赴省试，过南安，会日暮，投宿野人家，茅茨数椽，竹树茂密可爱。主翁虽麻衣草履，而举止谈对，宛若士人，几案间有文籍散乱。陈叩之曰：“翁训子读书乎？”曰：“种园为生耳。”“亦入城市乎？”曰：“十五年不出矣。”问：“藏书何用？”曰：“偶有之耳。”

◉ 陈仲醇居山中，有客问山中何景最奇，陈曰：“雨后露前，花朝雪夜。”又问何事最奇，曰：“钓同鹤守，果遣猿收[1]。”

注释：

1 钓同鹤守，果遣猿收：和白鹤一起守着钓竿，派遣猿猴去收获果子。

◉ 天游子效负图先生，履迹遍名山，或问曰："山不同乎？"曰："然。春山淡冶而如笑，夏山苍翠而如滴，秋山明净而如妆，冬山惨淡而如睡。海山微茫而隐见，江山严厉而峭卓，溪山窈窕而幽深，塞山童赪而堆阜。桂林之山，玲珑剔透；巴蜀之山，巉差窳窔；河北之山，绵衍庞博；江南之山，峻峭巧丽。山之形色，不同如此。"

◉ 屠长卿曰："红润凝脂，花上才过微雨；翠匀浅黛，柳边乍拂轻风。问妇索酿，瓮有新刍；呼童煮茶，门临好客。先生此时情兴何如也？"吴苑笑曰："长卿此语，犹当注疏：当止卢仝七碗[1]，效康节半醺[2]，便是调和手段。"

注释：

1 当止卢仝七碗：唐代诗人卢仝的咏茶名篇《走笔谢孟谏议寄新茶》，又名《七碗茶歌》，极写饮茶的愉悦感受。 2 效康节半醺：邵雍诗中多次写半醺的美妙感受，如"酒放半醺重九后，此时情味更无穷"等。

◉ 顾长康画谢幼舆[1]在岩石里。人问其所以，顾曰："谢云：'一丘一壑，自谓过之。'此子当置丘壑中。"

注释：

1 谢幼舆：谢鲲，字幼舆。晋明帝曾问他与东晋名士庾亮比如何，谢有"一丘一壑，自谓过之"之语。

◉ 屠纬真[1]曰："茶熟香清，有客到门可喜；鸟啼花落，无人亦自悠然。"

注释：

1 屠纬真：明代文学家屠隆，字长卿，又字纬真。

◉ 萧恭[1]谓梁元帝曰："下官历观时人，多不好欢，乃仰眠床上，看屋梁而著书。千秋万岁，谁传此者？劳神苦思，竟不成名。岂如临清风，对明月，登山访水，肆意酣畅也！"

注释：

1 萧恭：南朝梁人。善解吏事，所在见称，而性尚华侈，尤好宾友。

◉ 唐肃宗尝赐高士玄真子张志和奴、婢各一人，玄真配为夫妇，名为渔童、樵青。人问其故，答曰："渔童使奉钓收纶[1]，芦中鼓枻[2]；樵青使苏兰薪桂[3]，竹里烹茶。"

注释：

1 收纶：收钓鱼的线。 2 鼓枻：划桨。 3 苏兰薪桂：割草打柴。

◉ 陈眉公语客曰："余每欲藏万卷书，袭以异锦，熏以异香，茅屋芦帘，纸窗土壁，而终身布衣，啸咏其中。"客笑曰："果尔[1]，此亦天壤间一异人。"

注释：

1 果尔：果真如此。

◉ 陈眉公曰："焚香倚枕，人事都尽，梦境未来。仆于此时，可名卧隐，便觉凿坏[1]住山为烦。"

注释：

1 凿坏：指隐居不仕。

◉ 倪文节公[1]曰："松声，涧声，山禽声，野虫声，鹤声，琴声，棋子落声，雨滴阶声，雪洒窗声，煎茶声，皆声之至清者也，而读书声为最。闻他人读书已极喜，闻子弟读书，喜又不可言矣！"

注释：

1 倪文节公：倪思，谥文节。南宋乾道年间进士，官至礼部尚书，以直言敢谏著称。

◉ 陈眉公曰："万绿阴中，小亭避暑，洞开八达，几簟皆绿。忽闻雨过蝉声，风来花气，不觉令人自醉。"

◉ 屠纬真曰："翠微僧至，衲衣全染松云；斗室经残，石磬半沉蕉雨。"

◉ 陆羽问张志和孰与往来。志和曰："太虚为室，明月为烛，与四海诸公共处，未见少别，何有往来？"

◉ 屠纬真曰："篱边杖履[1]送僧，花须罥[2]于巾角；石上壶觞坐客，松子落我衣裾。"

注释：

1 杖履：持杖着履。　2 罥：缠绕。

◉ 黄玄龙家黄萝山麓，有梨数千枝，每花开时，日盘礴其间，至落尽，犹数往观之。人问其故，曰："白地生绿苔，可爱也！"

◉ 陈眉公曰："山鸟每夜五更，喧起五次，谓之'报更'。盖山间真率漏声[1]也。"

注释：

1 漏声：铜壶滴漏之声。

◉ 陈仲醇曰："山居胜于城市，盖有八德：不责苛礼，不见生客，不混酒肉，不竞田产，不闻炎凉，不闹曲直，不征文逋[1]，不谈仕籍。反此者，是侩牛[2]店、贩马驿也。"

注释：

1 不征文逋：征文，向人征求诗文；逋，拖欠，积欠。这里指不会欠人文债。　2 侩牛：从中撮合牛的买卖。

韵语第十

吴苑曰：风流之士有韵，如玉之有瑕，犀之有晕，美处即其病处耳。然病、美无定名，溺之者为美，指之者为病。吾辈正堕此情韵海中，不能有所振脱，安肯以未定之名，而恬作己病乎？是必以韵为美矣。乃次韵语第十。

◉ 王戎丧儿万子，山简往省之，王悲不自胜。简曰："孩抱中物，何至于此？"王曰："圣人忘情，最下不及情；情之所钟，正在吾辈。"

◉ 袁中郎作吴令，尝同方子公登虎丘，见红袖[1]皆避去，因语方曰："乌纱帽挟红袖登山，前人自多风致。今时不能并，便觉乌纱碍人。"

注释：

1 红袖：指美女。

◉ 王光禄[1]云："酒正使人自远[2]。"

注释：

1 王光禄：东晋王蕴，曾任光禄大夫，故称。 2 远：远离尘俗。

◉ 金陵女郎沙宛在，破瓜未久，于群人中遘吴鹿长，心悦之，抛以眉语。鹿长神解，两人渐相远引。同游者欲乱之，有一客曰："无得惊醒情禅[1]也。"

注释：

1 情禅：指有关情爱的道理。这里指二人沉浸于两情相悦之中。

◉ 王太尉[1]曰："见裴令公[2]，精明朗然，笼盖人世，非凡识也。若死而可作，当与之同归。"

注释：

1 王太尉：西晋大臣王衍，曾任太尉之职，故称。 2 裴令公：西晋裴楷，官至中书令，故称。其性恬淡，美容仪，时称"玉人"。

◉ 王子猷、子敬[1]兄弟共赏《高士传》人及赞。子敬赏井丹[2]高洁，子猷云："未若长卿[3]慢世。"

注释：

1 王子猷、子敬：王徽之，字子猷；王献之，字子敬。二人都是王羲之的儿子。 2 井丹：隐士名。《高士传》称"井丹高洁，不慕荣贵。抗节五王，不交非类。显讥辇车，左右失气。披褐长揖，义陵群萃"。 3 长卿：司马相如，字长卿。《高士传》称"长卿慢世，越礼自放。犊鼻居市，不耻其状。托疾避官，蔑此卿相。乃赋《大人》，超然莫尚"。

◉ 庾太尉[1]在武昌，秋夜气佳景清，使吏殷浩、王胡之之徒登南楼理咏[2]。音调始遒，闻函道[3]中有屐声甚厉，定是庾公。俄而率左右十许人步来，诸贤欲起避之。公徐云："诸君少住，老子[4]于此，兴复不浅！”因便据胡床[5]，与诸人咏谑。

注释：

1 庾太尉：指东晋征西将军庾亮。其容仪英俊，善谈玄理，死后获赠太尉，故称庾太尉。 2 理咏：吟咏。 3 函道：楼梯。 4 老子：老年人自称。犹老夫。 5 胡床：一种可以折叠的轻便坐具。又称交床。

◉ 大通禅师操律高洁，人非斋沐，不敢登堂。东坡挟妓谒之，大通愠形于色。坡乃作《南柯子》一首，令妓歌之，大通亦为解颐。公曰：“今日参破老禅矣。”其词云：“师唱谁家曲，宗风嗣阿谁？借君拍板与门槌。我也逢场作戏、莫相疑。溪女方偷眼，山僧莫睫眉。却愁弥勒下生迟，不见老婆三五少年时。”

◉ 参寥子[1]言：“老杜诗云：‘楚江巫峡半云雨，清簟疏帘看弈棋。’此句可画，但恐画不就耳。”东坡问：“公，禅人，亦复爱此语耶？”寥云：“譬如不事口腹人，见江瑶柱[2]，岂免一朵颐[3]？”

注释：

1 参寥子：宋代僧人道潜的别号。善诗，与苏轼为诗友。 2 江瑶柱：干贝的一种。即江珧的肉柱，味道鲜美。 3 朵颐：鼓腮嚼食。

◉ 苏子瞻去黄州，及岭外，每旦起，不招客与语，必出访客。所与游亦不尽择，各随其人高下，谈谐放荡，不复为畦畛[1]。有不能谈者，则强之使说鬼。或辞无有，则曰：“汝妄言之，吾妄听之。”

注释：

1 畦畛：界限，隔阂。

◉ 吴逵曰："世无花月美人，不愿生此世界。"

◉ 陈眉公曰："名妓翻经，老僧酿酒，将军翔文章之府，书生践戎马之场，虽乏本色，亦是有致。"

◉ 益州献蜀柳数株，枝条甚长，状若丝缕。武帝[1]植于太昌云和殿前，尝嗟赏之曰："杨柳风流可爱，似张绪[2]当年。"

注释：

1 武帝：指南朝齐武帝萧赜。 2 张绪：字思曼，南朝齐人。年少知名，风姿清雅。

◉ 京陵马姬，行二，善饮，众客颓废，姬神寂然。李太史本宁[1]寓目，羡曰："吾每恨步兵[2]犹是男子，今转女郎。"

注释：

1 李太史本宁：晚明文坛盟主李维桢，字本宁。进士及第后由翰林院庶吉士授编修，万历朝晋升修撰，故称。 2 步兵：指"竹林七贤"之一阮籍。曾任步兵校尉，故称。蔑视礼法，喜纵酒谈玄。

◉ 许慎选[1]放旷，不拘小节。与亲友结宴花圃中，未尝张幄设座，只使童仆聚落花铺坐下，曰："吾自有花茵[2]。"

注释：

1 许慎选：唐代天宝年间人，曾为翰林学士。 2 茵：垫子，褥子。

◉ 袁尹[1]疏放好酒，尝步屧[2]白杨郊野间，道遇一士人，便呼与酣饮。明日，此人谓被知遇[3]，诣门求通，袁曰："昨日饮酒无偶[4]，聊相邀耳！"

注释：

1 袁尹：南朝宋宰相袁粲，曾任丹阳尹，故称。 2 步屧：漫步，行走。 3 知遇：赏识。 4 偶：同伴。

◉ 王无功[1]待诏门下省。故事[2]：官给酒日三升。或谓："待诏何乐耶？"答曰："良酝[3]可恋耳！"

注释：

1 王无功：王绩，字无功。唐代诗人。 2 故事：旧例，旧日的典章制度。 3 良酝：美酒佳酿。

◉ 张卿子同邓林宗、闵子善、钟瑞先、刘叔任诸子，夜半步佑圣观。缺月当眉际，凉楚逼人。诸子欲归，张曰："落花残月，惟若有情。吾侪正属其人，不得以硬肠愆[1]性。"复步玩，将晓而散。

注释：

1 愆：违背。

◉ 钱鹤滩[1]请告归，门生某守扬州，遣使迎公。越期不赴，后始一至。诸大贾争先迎谒，将有请属，公曰："老夫扶来看广陵涛[2]，并问琼花[3]消息耳，无作跨鹤[4]人猜也。"

注释：

1 钱鹤滩：钱福，因家住松江鹤滩附近，自号鹤滩。弘治三年进士，授翰林修撰，三年后托病请归。 2 广陵涛：指广陵（今扬州）曲江潮。 3 琼花：又称八仙花、木绣球，为扬州市花。古人称"扬州琼花，天下无双"。 4 跨鹤：南朝梁殷芸《小说》有"腰缠十万贯，骑鹤上扬州"之语，后以"跨鹤扬州"指豪富冶游繁华之地。

◉ 陈眉公曰："人有一字不识而多诗意，一偈不参而多禅意，一勺不濡而多酒意，一石不晓而多画意，淡宕[1]故也。"

注释：

1 淡宕：散淡，悠闲自在。

◉ 玄墓山寺门有巨松，甚郁茂。堪舆家[1]言："当门不利。"劝去之。天全翁至山中，僧以是请。公视松，爱之，不忍舍，徐谓僧曰："木在门，成'闲'字，不爱耶？"

注释：

1 堪舆家：风水先生。

◉ 支道林[1]常养数匹马，或言道人畜马不韵[2]，支曰："贫道爱其神骏。"

注释：

1 支道林：支遁，字道林。东晋高僧，精通佛理，好养马。 2 不韵：不风雅。

◉ 郝公琰曰："吾常遇俗儿面孔，内自作恶[1]；每举张卿子神色笑语一思，不但免俗，更觉世界清凉。"

注释：

1 内自作恶：内心自然地生起厌恶之情。

◉ 王子敬语王孝伯曰："羊叔子[1]自复佳耳，然何与人事？故不如铜雀台上妓[2]。"

注释：

1 羊叔子：西晋名臣羊祜，字叔子。其勤政爱民，德声远播。 2 故不如铜雀台上妓：曹操建铜雀台以记功行乐，相传他死时下令将自己的妾和妓人安置于此，每月初一及十五日设祭，令妓奏乐。

◉ 司马太傅[1]斋中夜坐，于时天月明净，都无纤翳[2]。太傅叹以为佳。谢景重在坐，答曰："意谓不如微云点缀。"太傅因戏曰："卿居心不净，乃复强欲滓秽太清耶？"

注释：

1 司马太傅：司马道子，晋简文帝司马昱第七子，东晋晚期权臣，封太傅。 2 都无纤翳：完全没有浮云。

◉ 阮籍嫂常还家，籍见与别。或讥之，籍曰：“礼岂为我辈设耶？”

◉ 阮仲容、步兵[1]居道南，诸阮居道北。北阮皆富，南阮贫。七月七日，北阮盛晒衣，皆纱罗锦绮，仲容以竿挂大布犊鼻裈[2]于中庭。人或怪之，答曰：“未能免俗，聊复尔耳！”

注释：

1 阮仲容、步兵：阮咸，字仲容，阮籍之侄。阮籍，曾任步兵校尉，世称阮步兵。 2 犊鼻裈：短裤，一说围裙。形如犊鼻，故名。

◉ 午桥庄小儿坂，茂草盈原。裴晋公[1]每使驱群羊散于坂上，曰：“芳草多情，赖此点缀。”

注释：

1 裴晋公：唐代裴度，封晋国公，世称裴晋公。

◉ 皇甫嵩[1]曰：“凡醉各有所宜。醉花宜昼，袭其光也；醉雪宜夜，清其思也；醉得意宜唱，宣其和也；醉将离宜击钵，壮其神也；醉文人宜谨节奏，畏其侮也；醉俊人宜益觥盂、加旗帜，助其烈也；醉楼宜暑，资其清也；醉水宜秋，泛其爽也。此皆审其宜，考其景，反此则失饮之人[2]矣。”

注释：

1 皇甫嵩：此处当是唐代诗人皇甫松。累试进士不第，终身未仕。著有《醉乡日月》，自称为酒后戏作，录当时饮酒者之格及酒令、酒事风俗等。 2 失饮之人：指不懂饮酒情趣的人。

◉ 张季鹰[1]纵任不拘，时人号为“江东步兵[2]”。或谓之曰：“卿乃可纵适一时，独不为身后名邪？”答曰：“使我有身后名，不如即时一杯酒！”

注释：

1 张季鹰：张翰，字季鹰。西晋文学家。 2 步兵：指阮籍。

◉ 毕茂世[1]云：“一手持蟹螯，一手持酒杯，拍浮[2]酒池中，便足了一生。”

注释：

1 毕茂世：东晋毕卓，字茂世。曾任吏部郎，为人放诞，常因饮酒而废弃公事。 2 拍浮：浮游，游泳。

◉ 人讥周仆射[1]与亲友戏言，杂秽无节度。周曰：“万里长江，何能不千里一曲？”

注释：

1 周仆射：东晋周顗，官至尚书左仆射，世称周仆射。

◉ 王忱见王恭[1]六尺簟[2]，谓有余，求之，恭即送。后忱见恭更无簟，问之，恭曰：“平生无长物[3]。”

注释：

1 王恭：东晋大臣。性清廉庄重，简朴直率。 2 簟：竹席。3 长物：多余的东西。

◉ 袁丰居宅后有六株梅，叹曰：“烟姿玉骨，世外佳人，恨无倾城笑耳！”

◉ 唐御苑新有千叶桃花，明皇亲折一枝插于妃子[1]头上，曰：“此个花尤能助娇也。”

注释：

1 妃子：指杨贵妃。

◉ 飞燕[1]进合德[2]，帝大悦，以辅属体，无所不靡，谓为“温柔乡”。曰：“吾老是乡矣，不能效武皇帝白云乡[3]也。”

注释：

1 飞燕：指赵飞燕，汉成帝皇后。 2 合德：赵飞燕之妹赵合德，后被封为昭仪。 3 白云乡：指仙乡。

◉ 唐明皇秋八月，太液池有千叶白莲数枝盛开，帝与贵戚宴赏焉。左右皆叹羡久之，帝指贵妃示左右曰：“争如我解语花！”

◉ 孟万年[1]好饮，愈多不乱。桓宣武尝问：“酒有何好，而卿嗜之？”孟答曰：“公但未知酒中趣耳。”

注释：

1 孟万年：孟嘉，字万年。东晋名士。

◉ 皇甫亮[1]三日不上省，文宣[2]亲诘其故，亮曰：“一日饮，一日醉，一日病酒。”

注释：

1 皇甫亮：北齐官员。为人率性任真，喜纵酒赋诗，恣泉石之赏。 2 文宣：北齐文宣帝高洋。

◉ 谢耳伯、宋献儒在潘景升座，有三妓佐酒。谢奉佛，不饮酒近色，在座不无少自检持。宋语之曰："打过艳冶，即是圆通；成佛成仙，正在吾辈。"

◉ 孔北海[1]家居失势，宾客日满其门，爱才乐士，常若不足。每叹曰："坐上客常满，樽中酒不空，吾无忧矣！"

注释：

1 孔北海：孔融曾任北海相，故称。

◉ 琅玡王肃仕南朝，好茗饮、莼羹，及还北地，又好羊肉、酪浆。人或问之："茗何如酪？"肃曰："茗不堪与酪为奴。"

◉ 郭顺卿[1]行二，称之曰郭二姐，与王元鼎[2]密。阿鲁温[3]参政在中书，欲属意于郭，一日，戏曰："我何如王元鼎？"郭曰："参政，宰臣也；元鼎，文士也。经纶朝政，致君泽民，则元鼎不及参政；嘲风弄月，惜玉怜香，则参政不敢望元鼎。"温一笑而别。

注释：

1 郭顺卿：元代杂剧演员，艺名顺时秀。 2 王元鼎：元曲作家。 3 阿鲁温：元代梁王。

［元］佚名《画渊明归去来辞》（局部）

［唐］张萱《明皇合乐图》（局部）

◉ 郎基[1]为县令，清慎无所营。尝曰："任官之所，木枕亦不须作，况重于此乎！"惟颇令人写书[2]，樊宗孟谓曰："在官写书，亦是风流罪过。"基曰："观过知仁[3]，斯亦可矣。"

注释：

1 郎基：北齐官员。 2 写书：抄写书籍。 3 观过知仁：察看一个人所犯过错的性质，就可以了解他的为人。语出《论语·里仁》。

◉ 任育长[1]尝从棺邸[2]下度，流涕悲哀。王丞相曰："此是有情痴。"

注释：

1 任育长：东晋任瞻，字育长。 2 棺邸：棺材铺子。

◉ 桓子野[1]每闻清歌，辄唤"奈何"。谢公闻之曰："子野可谓一往有深情。"

注释：

1 桓子野：东晋名士桓伊，小字子野。善音乐，有"笛圣"之称。

◉ 王孝伯[1]云："名士不必须奇才。但使常得无事，痛饮酒，熟读《离骚》，便可称名士。"

注释：

1 王孝伯：东晋大臣王恭，字孝伯。

◉ 王长史[1]登茅山，大恸哭曰："琅琊王伯舆，终当为情死。"

注释：

1 王长史：王廞，字伯舆，东晋琅玡人，王导之孙。曾任司徒长史，故称。

◉ 明皇[1]坐沉香亭，诏妃子[2]。妃子时卯酒[3]未醒，命力士使侍儿扶掖而至。妃子醉颜残妆，鬓乱钗横，不能再拜。上皇笑曰：“是岂妃子醉，真海棠睡未足耳！”

注释：

1 明皇：指唐玄宗李隆基。 2 妃子：指杨贵妃。 3 卯酒：早晨喝的酒。

◉ 蒲传正[1]知杭州，有术士请谒，盖年逾九十，而犹有婴儿之色。传正接之甚欢，因访以长年之术。答曰：“其术甚简而易行，他无所忌，惟当绝色欲耳！”传正俯思良久，曰：“若然，则寿虽千岁何益！”

注释：

1 蒲传正：北宋蒲宗孟，字传正。生活尚奢侈，苏轼曾劝以慈俭。

◉ 李丹除昌州[1]，不乐。渊材[2]往问之曰：“昌州，佳郡也，奈何弃之？”李曰：“供给丰乎？”曰：“非也。”“民讼简乎？”曰：“非也。”“然则何以知其佳？”渊材曰：“天下海棠无香，惟昌州有香耳。”

注释：

1 昌州：王象之《舆地纪胜》载，昌州居万山间，地独宜海棠，邦人以其有香，颇敬重之，号海棠香国。 2 渊材：指北宋名士彭渊材。彭自言平生有五恨：一恨鲥鱼多骨，二恨金橘带酸，三恨莼菜性冷，四恨海棠无香，五恨曾子固不能诗。

◉ 陈眉公曰："香令人幽，酒令人远，石令人隽，琴令人寂，茶令人爽，竹令人冷，月令人孤，棋令人闲，杖令人轻，水令人空，雪令人旷，剑令人悲，蒲团令人枯，美人令人怜，僧令人淡，花令人韵，金石彝鼎令人古。"

◉ 杜陵杜夫子善弈棋，为天下第一。人或讥其费日，夫子曰："精其理者，足以大裨圣教。"

◉ 北齐高洋凶暴，贵嫔薛氏有小过，遽杀支解之，抱其股为琵琶弹之，复叹曰："佳人难再得！"

◉ 米芾方择婿，会建康段拂，字去尘。芾择之，曰："既拂矣，又去尘，真婿也。"以女妻之。[1]

注释：

1 本条出自北宋吕居仁《轩渠录》。其原文云米芾有洁癖，有金陵人段拂字去尘登第，米芾看到后喜曰："观此名字，必洁人也。"于是很快议亲，把女儿嫁给了段拂。

◉ 屠长卿[1]曰："据床嗒尔[2]，听豪士之谈锋；把盏醒然，看酒人之醉态。"

注释：

1 屠长卿：明代文学家屠隆，字长卿。 2 嗒尔：形容身心俱遣、物我两忘的神态。

◉ 陈眉公曰："天之风月，地之花柳，人之歌舞，无此不成三才。"戏语亦自有理。

◉ 唐玄宗性俊迈，酷不好琴。曾听弹正弄，未及毕，叱内官曰："速召花奴将羯鼓[1]来，为我解秽！"

注释：

1 羯鼓：古代打击乐器的一种。从西域传入，唐开元、天宝年间盛行。

◉ 梁高祖重陈郡谢朓诗，常曰："不读谢诗，三日觉口臭。"

◉ 刘伶常乘鹿车[1]，携一壶酒，使人荷锸[2]随之，云："死便埋我。"

注释：

1 鹿车：古代一种小车。 2 锸：铁锹。

◉ 汉平恩侯许伯入第，丞相、御史、将军、中二千石皆贺，盖宽饶[1]后至，许伯自酌[2]曰："盖君后至。"宽饶曰："无多酌我，我乃酒狂。"丞相魏侯笑曰："次公醒而狂，何必酒也？"

注释：

1 盖宽饶：字次公，西汉人。 2 自酌：亲自（为盖宽饶）倒酒。

◉ 尚方禁少时尝盗人妻，见斫，创着其颊，左冯翊朱博[1]用为守尉。问禁曰："是何等创？"禁自知情得，叩头服状。博笑曰："大丈夫固时有是。"

注释：

1 朱博：字子元，西汉人。为人捕搏敢行，伉侠好交。

◉ 刘伶好酒，渴甚，求酒于妻。妻藏酒弃器，谏曰："非养生之道，宜断之！"伶曰："善。当祀鬼神自誓，便可具酒肉。"妻从之。伶跪祝曰："天生刘伶，以酒为名[1]；一饮一石，五斗解酲[2]。妇人之言，必不可听。"便引酒衔肉，块然复醉。

注释：

1 名：命。 2 解酲：醒酒；消除酒病。

◉ 马援[1]破贼后，封新息侯，食邑三千户。援乃击牛酾酒[2]，劳飨军士，从容谓官属曰："吾从弟少游，常哀[3]吾慷慨多大志，曰：'士生一世，但取衣食裁足，乘下泽车[4]，御款段[5]马，为郡掾吏[6]，守坟墓[7]，乡里称善人，斯可矣。致求盈余，但自苦耳。'当吾在浪泊、西里间，虏未灭之时，下潦上雾，毒气重蒸，仰视飞鸢，跕跕堕水，卧念少游平生时语，何可得也！"

注释：

1 马援：东汉伏波将军，功勋卓著，世称马伏波。 2 击牛酾酒：杀牛置酒。 3哀：怜悯，同情。 4下泽车：一种适宜在沼泽地上行驶的短毂轻便车。 5款段：马行迟缓貌。 6掾吏：官府中佐助官吏的通称。 7守坟墓：守着祖先的坟墓。

◉ 郝之玺曰："看花步[1]男子，当作女人；寻花步女人，当作男子。"

注释：

1步：跟随。

◉ 江之生初为僧，颇称苦行。过黄玄龙于石岭山房，别后蓄发，复遇于金陵，玄龙不知也。江曰："黄先生忘耶？我乃某也。"稍及寒温，江遽曰："我苦极！我苦极！"黄问何苦，江曰："胯间便毒[1]，已三月未愈也。"

注释：

1便毒：一种病，又称横痃，其症状表现为腹股沟淋巴结肿大。本症多由淫欲无度，忍精不泄，或欲念不遂，精郁气滞而起；又因交媾不洁，传染病毒而致。

◉ 大司徒杜公佑[1]在维扬也，尝召宾幕闲语曰："我致政后，买一小驷[2]八九千者，饱食讫而跨之，着粗布襕衫[3]，入市看盘铃傀儡[4]，足矣。"后致仕，果行其志。谏官上疏言："三公不合入市。"公曰："在吾计中[5]矣！"

注释：

1大司徒杜公佑：唐代杜佑，曾官拜司徒，封岐国公，以太保之职致仕。 2 小驷：马名。亦泛指马。 3 襕衫：古代士人之服。因其于衫下施横襕为裳，故称。 4 盘铃傀儡：以盘铃伴奏演出的傀儡戏。 5 在吾计中：在我意料之中。

◉ 陈惟允家有王叔明[1]《泰山密雪图》，张廷采闻知，往借观之，卧其下，两日不去。使者促之，廷采临去，顾曰："王先生，尔岂知百岁后，有张廷采恋尔耶？"

注释：

1 王叔明：元末画家王蒙，字叔明。

◉ 赵子固[1]尝得定武不损本《禊帖》[2]，乘舟夜泛而归。行至霅之昇山，风起舟覆，行李襆被，皆渰溺[3]无余。子固方披湿衣立浅水中，手持《禊帖》语人曰："《兰亭》在此，余不足问。"

注释：

1 赵子固：赵孟坚，字子固。南宋画家，工诗，善书法。 2 定武不损本《禊帖》：指完整无损的定武本《兰亭序》。《兰亭序》刻本甚多，定武本为诸刻之冠。 3 渰溺：淹没。

◉ 裴晋公[1]性弘达，不好服食[2]，每语人曰："鸡猪鱼蒜，逢着则吃；生老病死，时至则行。"

注释：

1 裴晋公：唐代裴度，封晋国公，世称裴晋公。 2 服食：服用丹药以求长生。

◉ 李宗闵[1]多宾客谈笑，喜饮酒。暑月临池，以荷为杯，满酌酒，密系持近口，以箸刺之而饮，不尽再举。既散，有人言："昨饮，大欢也。"李曰："今日之欢，明昨日之不欢。自今好恶，一不得言。"

注释：

1 李宗闵：唐代官员，官至礼部员外郎。

◉ 袁中郎曰："有人隔帘闻堕钗声而不动念者，此人不痴则慧，我幸在不痴不慧中！"

◉ 吴巽之坐畸庄亭看桃花，忽风起花落，辄叹曰："万点愁人。"咄咄[1]不已。郝公琰语臣曰："巽之可怜惨淡，不啻[2]花心。"

注释：

1 咄咄：感叹声，表示感慨。 2 不啻：无异于，如同。

◉ 王元宝[1]富而无学识。尝会宾客，次日，亲友谓之曰："昨日必有佳论。"元宝曰："但费锦缠头[2]耳。"

注释：

1 王元宝：唐代开元年间人，长安巨富。 2 锦缠头：古代歌舞艺人表演完毕，客人赠送罗锦，置之头上，称为锦缠头。后泛指赠送给妓女的财物。

◉ 阮仲容[1]先幸姑家鲜卑婢。及居母丧，姑当远移，初云当留婢，既发，定将去。仲容借客驴，着重服[2]自追之，累骑[3]而返。曰：“人种不可失！”

注释：

1 阮仲容：阮咸，字仲容。阮籍之侄，任达不拘，“竹林七贤”之一。 2 重服：重丧服。 3 累骑：二人骑在驴上。

◉ 开元中赐边衣[1]，制自宫中。有军校于袍中得一诗曰：“留意多添线，含情更着绵。今生已过了，重结后生缘。”持以白帅，帅以闻明皇。问之，有一宫人自言万死。即命嫁得诗者，曰：“与汝结今生缘。”

注释：

1 边衣：戍边人员穿的衣服。

◉ 王献之夜卧斋中，有盗入屋，献之语云：“青毡，我家旧物[1]，可特置之[2]。”

注释：

1 旧物：先人的遗物。 2 可特置之：可特为留下。

俊语第十一

吴苑曰：鸟俊则以为冠，兽俊则以为骑，人俊则逐睛，语俊则耸耳。人苟未能了一耳目，未有不爱俊而厌恶者。盖惟俊人能道俊语，岂墨香之口花乎？乃次俊语第十一。

◉ 褚季野[1]语孙安国[2]云："北人学问，渊综广博。"孙答曰："南人学问，玄通简要。"支道林闻之，曰："圣贤固所忘言。自中人[3]以还，北人看书，如显处视月；南人学问，如牖中窥日。"

注释：

1 褚季野：东晋褚裒，字季野。 2 孙安国：东晋史学家孙盛，字安国。 3 中人：中等人，常人。

◉ 唐毕相諴[1]，家素贱。李中丞有诸院子弟与諴熟，諴至李氏子书室中，诸子赋诗，諴亦为之。顷李至，观诸子诗，又见諴所作，称其最美，问曰："此谁作也？"诸子不敢隐，乃曰："所知毕秀才作也。"李曰："出见。"既而李呼左右责曰："何令马入池中，践浮萍皆聚，芦荻斜倒。"怒甚，左右莫敢对。諴曰："萍聚只因今日浪，荻斜都为夜来风。"李大悦，遂客之。

注释：

1 唐毕相諴：毕諴，晚唐时宰相。

◉ 贾逵[1]通经授徒，肃宗[2]重之。逵母病，帝以钱二十万使颍阳侯马防与之，谓防曰："贾逵母病，此子无人事[3]于外，屡空则从孤竹之子[4]于首阳山矣。"

注释：

1贾逵：东汉著名经学家，被称为"通儒"。 2肃宗：指汉章帝刘炟，庙号肃宗。 3人事：说情请托；交际应酬。 4孤竹之子：指孤竹君的儿子伯夷和叔齐。武王灭商，二人逃避到首阳山，不食周粟而死。这里借指贾逵的困窘状况。

◉ 孙宝[1]署侯文为东部督，入见，敕曰："今日鹰隼始击，当顺天气取奸恶，以成严霜之诛。掾部渠有其人乎？"文曰："无其人不敢空受职。"宝曰："谁也？"文曰："霸陵杜稚季[2]。"宝曰："其次？"文曰："豺狼横道，安问狐狸。"

注释：

1孙宝：西汉鄢陵人。为人刚直，官至京兆尹。 2杜稚季：汉成帝时游侠。

◉ 谢灵运好戴曲柄笠，孔隐士谓之曰："卿欲希心高远，何不能遗曲盖之貌[1]？"谢答曰："将不畏影者，未能忘怀？[2]"

注释：

1何不能遗曲盖之貌：斗笠为田夫野老所用，通常无柄；华盖为达官贵人所用，一般有曲盖。谢灵运戴曲柄笠，故孔隐士有是言。 2将不畏影者，未能忘怀：莫非（你）像怕见到自己影子的人一样，始终未能忘却外在的形迹？言下之意是"希心高远"在于内在品格上的追求，而不在于表面的形式。

◉ 文衡山[1]素不至河下拜客。严介溪[2]过吴门，候二日，不至，忿然见色，谓顾东桥[3]曰：“不拜他人犹可，渠亦敢尔以我概人耶[4]？”东桥曰：“若非衡山有恒，那得介溪有芥？”严稍敛。

注释：

1 文衡山：文徵明，号衡山居士。 2 严介溪：明代权相严嵩，字介溪。 3 顾东桥：顾璘，号东桥居士。官至南京刑部尚书。4 渠亦敢尔以我概人耶：他也敢这样把我同别人一例对待吗？

◉ 东郡商铿，名子[1]为外臣。外臣仕为廷尉评[2]，铿入谢恩。武帝[3]问：“卿名子为‘外臣’，何为令其入仕？[4]”铿答曰：“外臣生于齐季，故人思匿迹；今幸遭圣代，草泽无复遗人。”

注释：

1 名子：为儿子取名。 2 廷尉评：官名。为廷尉属官。 3 武帝：指北周武帝宇文邕。 4 卿名子为“外臣”，何为令其入仕：“外臣”有方外之臣、隐居不仕的意思，因此武帝有此问。

◉ 晋庾亮造周顗，顗曰：“君何欣悦而忽肥？”庾曰：“君何忧惨而忽瘦？”周曰：“吾无所忧，直是清虚日来，滓秽日去。”

◉ 唐卢肇初举，先达[1]或问所来，肇曰：“某，袁[2]民也。”或曰：“袁州出举人耶？”肇曰：“袁州出举人，亦犹沅江出鳖甲九肋者，盖稀也。”

注释：

1 先达：有德行学问的前辈。 2 袁：指袁州，治所在宜春。在今江西省西部。

◉ 苏味道才学识度，物望攸归[1]。王方庆[2]体质鄙陋，言词鲁钝，智不逾俗，才不出凡，俱为凤阁[3]侍郎。或问张元一曰："苏、王孰贤？"答曰："苏，九月得霜鹰；王，十月被冻蝇。"

注释：

1 物望攸归：众望所归。 2 王方庆：王綝，字方庆。王羲之后人，酷爱书法，藏书很多。 3 凤阁：唐武则天光宅元年改中书省为凤阁，遂用为中书省的别称。

◉ 裴廷裕[1]字膺馀，乾宁[2]中在内庭，文书敏捷。同官者曰："裴廷裕如下水船。"

注释：

1 裴廷裕：唐昭宗时翰林学士。 2 乾宁：唐昭宗时的年号。

◉ 伪蜀韩昭仕王氏，为礼部尚书，粗有文章，至于琴棋书算射法，悉皆涉猎，不能专精。朝士李台瑕曰："韩八座[1]之艺，如拆袜线，无一条长。"

注释：

1 韩八座：封建时代中央政府的八种高级官员，隋唐以六尚书、左右仆射及令为"八座"。韩八座即韩尚书。

◉ 萧引[1]书法遒逸，陈宣帝尝指其署名语诸人曰：“此字笔势翩翩，似鸟之欲飞！”引答曰：“此乃陛下假[2]其羽毛。”

注释：

1 萧引：南朝陈人，善隶书。 2 假：借。

◉ 宋广平[1]爱民惜物，朝野归美，人皆谓之曰“有脚阳春”。

注释：

1 宋广平：唐代名相宋璟，字广平。

◉ 颜延之尝谓鲍明远曰：“己诗与谢康乐优劣？”鲍曰：“谢五言如初发芙蓉，自然可爱；君诗若铺锦列绣，亦雕缋满眼。”

◉ 刘孝标目刘彦度超然越俗，如天半朱霞；刘士光矫矫出尘，如云中白鹤。皆俭岁[1]之粱稷，寒年之纤纩[2]。

注释：

1 俭岁：荒年。 2 纤纩：细丝绵。

◉ 蜀先主衔[1]张裕不逊，兼忿其漏言[2]，下狱将诛之。诸葛武侯表请其罪，先主答曰：“芳兰当门，不得不锄。”

注释：

1 衔：衔恨。 2 漏言：泄漏密言或情况。

◉ 谢太傅绝重褚公[1]，常称：“褚季野虽不言，而四时之气亦备。”

注释：

1 褚公：指东晋名士褚裒，字季野。

◉ 满奋[1]畏风。在晋武帝坐，北窗作琉璃屏，实密似疏，奋有难色，帝笑之。奋答曰："臣犹吴牛，见月而喘。"

注释：

1 满奋：西晋时人，性清雅有识。

◉ 顾悦[1]与简文[2]同年而发早白。简文曰："卿何以先白？"对曰："蒲柳之姿，望秋而落；松柏之质，经霜弥茂。"

注释：

1 顾悦：东晋时人。官至尚书左丞。 2 简文：指东晋简文帝司马昱。

◉ 刘尹[1]云："人想王荆产[2]佳，此想长松下当有清风耳。"

注释：

1 刘尹：东晋名士刘惔，曾任丹阳尹，故称。 2 王荆产：王徽，小名荆产。历任尚书郎、右军司马。其祖父王乂曾为平北将军，其父王澄曾为荆州刺史。

◉ 任城何休[1]好《公羊》学[2]，遂著《公羊墨守》《左氏膏肓》《穀梁废疾》。郑玄[3]乃发《墨守》，针《膏肓》，起《废疾》。休见而叹曰："康成入吾室，操吾戈，以伐我乎！"

注释：

1 何休：东汉时期今文经学的集大成者。 2《公羊》学：儒家经学中专门研究和传承《春秋公羊传》的一个学派，属于今文经学内部最重要的一个分支学派。 3 郑玄：字康成。东汉时期古文经学的集大成者。

◉ 宋之问[1]天后朝求为北门学士[2]，不许，作《明河篇》以见意。则天见其诗，谓崔融曰："吾非不知之问有才，但以其口过[3]。"之问终身惭愤。

注释：

1 宋之问：初唐时期的诗人，与沈佺期并称"沈宋"。 2 北门学士：唐高宗时，弘文馆直学士刘祎之、著作郎元万顷等，时奉诏于翰林院草制，密令参决，以分宰相之权。因常于皇宫北门出入翰林院，时称"北门学士"。 3 口过：口臭；又有失言之意。武则天此言一语双关。

◉ 裴子余为鄠县尉，同列李隐朝、程行谌皆以文法著称，子余独以词学知名。或问雍州长史陈崇业："三人优劣孰先？"崇业曰："譬之春兰秋菊，俱不可废。"

◉ 苏州守姚善[1]访韩奕[2]，奕避入太湖，善叹曰："予于韩先生，分当耳交[3]矣！"

注释：

1 姚善：明代安陆人。官至苏州知府。 2 韩奕：元末明初隐士，博学工诗。 3 分当耳交：只有耳闻的缘分。

◉ 东坡性不忍事[1]，尝曰：“如食中有蝇，吐之乃已。”

注释：

1 忍事：以忍耐态度对待各种事情。

◉ 唐子西[1]曰：“笔之寿日，墨之寿月，砚之寿世。”

注释：

1 唐子西：唐庚，字子西，人称鲁国先生。北宋诗人。

◉ 平康姬马湘兰，甚有声价[1]。一孝廉往造之，不出。积十余年，孝廉成进士，为南御史，偶湘兰坐株连，当审，御史见之，曰：“尔如此面孔，徒负往日虚名。”湘兰答曰：“惟往日之虚名，受今日之实祸。”御史怜而释之。

注释：

1 声价：名誉身价。

◉ 汪南溟[1]谓王十岳[2]曰：“吾文与弇州[3]何似？”答曰：“菑海志在容流，补天志在无漏。用志不同，各归其极。”

注释：

1 汪南溟：明代戏曲作家汪道昆，号南溟。时声名与王世贞相当，实际文学成就远不及王。 2 王十岳：明代诗人王寅，号十岳山人。 3 弇州：明代文学家王世贞，号弇州山人。

◉ 刘伯刍[1]侍郎所居巷有鬻饼者，每早过户，必闻讴歌当垆[2]，召与万钱，令多其本，日取胡饼偿之。复过其户，寂不闻歌声，呼至，问曰："何辍歌之速？"曰："本领既大，心计转粗，不暇唱《渭城》矣。"

注释：

1刘伯刍：中唐时人，曾官刑部侍郎。 2讴歌当垆：对着酒垆唱歌。

◉ 李弘度[1]常叹不被遇[2]。殷扬州[3]知其家贫，问："君能屈志百里[4]不？"答曰："北门之叹[5]，久已上闻；穷猿奔林，岂暇择木！"

注释：

1李弘度：东晋李充，字弘度。 2被遇：蒙受恩遇，被赏识重用。 3殷扬州：东晋殷浩，曾任扬州刺史，故称。 4屈志百里：百里之地，指一县；屈志百里，指委屈自己做个县令。 5北门之叹：《诗经·北门》，"刺仕不得志也"。

◉ 潘、石[1]同刑东市[2]，石谓潘曰："天下杀英雄，卿复何为？"潘曰："俊士填沟壑，余波来及人。"

注释：

1潘、石：潘岳、石崇。 2东市：汉代在长安东市处决判死刑的犯人。后以"东市"泛指刑场。

◉ 齐高帝[1]有故吏竺景秀，尝以过系狱。高帝语伯玉[2]："卿比看景秀不？"答曰："数往候之，备加责诮。景秀言：'若许某自新，则吞刀刮肠，饮灰洗胃。'"帝善其言，乃释之。

注释:

1 齐高帝：即南朝齐开国皇帝萧道成。 2 伯玉：荀伯玉，南朝齐大臣。

◉ 孔融与蔡邕友善，邕卒，后有虎贲士[1]貌类邕，融每酒酣，引与坐曰："虽无老成，尚有典刑。[2]"

注释:

1 虎贲士：勇士。 2 虽无老成，尚有典刑：《诗经·荡》："虽无老成人，尚有典刑。"这里意思是说，虽然老友蔡邕已不在人世，幸好尚有形貌类似的虎贲士聊以解忧。

◉ 王文度在西川，与林法师[1]讲，韩、孙[2]诸人并在坐。林公理每小屈，孙兴公[3]曰："法师今日如着敝絮在荆棘中，触地挂阂[4]。"

注释:

1 林法师：东晋高僧支遁，字道林，又称林法师、支法师、林公、支公。 2 韩、孙：韩伯、孙绰。二人皆为东晋名士。 3 孙兴公：孙绰，字兴公。 4 挂阂：挂碍。

◉ 谢车骑[1]道："谢公[2]游肆，复无乃[3]高唱，但恭坐捻鼻顾睐，便自有寝处山泽间仪。"

注释:

1 谢车骑：东晋名将谢玄，谢安之侄。曾任车骑将军，世称谢车骑。 2 谢公：指谢安。 3 复无乃：不必之义。

◉ 桓玄问刘太常[1]曰："我何如谢太傅？"刘答曰："公高，太傅深。"又曰："何如贤舅子敬[2]？"答曰："楂、梨、橘、柚，各有其美。"

注释：

1 刘太常：刘瑾，王羲之外孙。曾任太常卿，故称。 2 贤舅子敬：王羲之第七子王献之，字子敬。刘瑾的舅舅。

◉ 苏峻[1]乱，孔群[2]在横塘，为匡术[3]所逼。王丞相保存术，因众坐戏语，令术劝群酒，以释横塘之恨。群答曰："德非孔子，厄同匡人[4]。虽阳和布气，鹰化为鸠，至于识者，犹憎其眼。[5]"

注释：

1 苏峻：东晋将领、叛臣。 2 孔群：东晋时人，有智局，志尚不羁。官至御史中丞。 3 匡术：苏峻叛军中的头目。苏峻之乱平后，丞相王导保下匡术，术得以幸免。 4 德非孔子，厄同匡人：这里是说自己虽无孔子一样的德行，却经历了像孔子受困于匡邑一样的灾厄。实是对匡术的讥讽。 5 虽阳和布气，鹰化为鸠，至于识者，犹憎其眼：尽管时值阳春，气候和暖，鹰变化成为鸠，可是认识它的人，依旧厌恶它那双凶恶的眼。古人认为惊蛰三候，鹰化为鸠。这里是借以讥讽匡术表面虽有所改变，实际上却改变不了凶恶的本性。

◉ 孙兴公道："曹辅佐[1]之才，如白地明光锦裁为负版绔[2]，非无文采，酷无裁制[3]。"

注释：

1 曹辅佐：曹毗，字辅佐。东晋文学家、官员。 2 负版绔：粗制的衣服。 3 酷无裁制：剪裁太缺乏斟酌。意思是说其文采用得不是地方。

◉ 桓公见谢安石[1]作简文谥议[2]，看竟，掷与坐上诸客曰："此是安石碎金[3]。"

注释：

1 谢安石：谢安，字安石。 2 谥议：古代帝王、贵族、大臣、士大夫等死后，下礼官评议其生平事迹，依据谥法拟定谥号，奏请钦定，称为"谥议"。 3 碎金：比喻精美简短的诗文。

◉ 孙兴公云："潘[1]文烂若披锦，无处不善；陆[2]文若排沙简金，往往见宝。"

注释：

1 潘：指西晋文学家潘岳。 2 陆：指西晋文学家陆机。与潘岳齐名，并称"潘陆"。

讽语第十二

吴苑曰：讽者，讥之微也。以“言”从“风”，何义焉？曰：草上之风必偃，以有形之草从无朕之风，非微而何？故曰讽者讥之微也。乃次讽语第十二。

◉ 唐刘晏[1]以神童为秘书正字[2]，玄宗召于楼中帘下，贵妃置于膝上，为施粉黛，与之巾栉[3]。玄宗谓晏曰：“卿为正字，正得几字？”晏曰：“天下字皆正，惟‘朋’字未正[4]。”

注释：

1 刘晏：唐代著名的经济改革家和理财家。 2 秘书正字：官名。与校书郎同主雠校典籍，刊正文章。 3 巾栉：盥洗。 4 惟“朋”字未正：古时“朋”字两个“月”都可以斜书，故刘晏有此言。这里又暗指当时朝中的朋党之争。

◉ 晋罗友家贫，乞禄于桓温。虽以才学遇之，而谓其肆诞，非治民才，许而不用。后同府人有得郡者，温为座饮叙别，友亦被命，至尤迟晚。温问之，答曰：“臣昨奉教旨出门，于中途见鬼揶揄云：‘我只见汝送人上郡，何不见人送汝上郡。’友乃惭回强解，不觉成淹缓[1]之罪。”温面笑而内愧焉。

注释：

1 淹缓：迟缓。

◉ 郝隆为南蛮参军，三月三日作诗曰："娵隅跃清池。"桓温问："何物？"答曰："蛮名鱼为娵隅。"桓曰："何为作蛮语？"隆曰："千里投公，始得蛮府参军，那得不作蛮语？"

◉ 宋太祖尝面许张融为司徒长史，敕竟不出。融乘一马，甚瘦。上曰："卿马何瘦，给粟多少？"融曰："日给一石。"上曰："何瘦如此？"融曰："臣许而不与。"明日，即除长史。

◉ 后魏孙绍，历职内外[1]，垂老始拜太府少卿[2]。谢日，灵太后曰："公年似太老。"绍重拜曰："臣年虽老，臣卿最少。"后笑曰："是将正卿。"

注释：

1 内外：朝廷和地方。 2 太府少卿：太府的副职。

◉ 唐散乐[1]高崔嵬，太宗命给使[2]捺头向水下良久，出而笑之。帝问曰："水中见何物？"对曰："见三闾大夫屈原，向臣云：'我逢楚怀王无道，乃沉汨罗水；汝逢圣主，何为来？'"

注释：

1 散乐：指民间艺人。 2 给使：唐时殿中省尚舍局的杂职人员，供皇帝役使。

◉ 唐玄宗好击球[1]，内厩所饲者，意未甚适。会与黄幡绰语，因曰："吾欲良马久之，而无人通于马经者。"幡绰奏曰："臣能知之。"且曰："今三丞相悉善相马经。"上曰："吾与三丞相语政事外，悉究其傍学，不闻能通马经。"幡绰奏曰："臣卜于沙堤上，日日见丞相乘良马。”

注释：

1 击球：我国古代一种在马上打球的运动。盛行于唐宋。

◉ 始皇议欲大苑囿，东至函谷，西至陈仓。优旃[1]曰：“善。多纵禽兽于其中，贼寇从东方来，令麋鹿触之足矣！”

注释：

1 优旃：秦国的一位侏儒歌舞艺人，善于说笑话，但往往含有深意。

◉ 优旃侍始皇，立其殿上。秦法重，非有诏不移足。时天寒雨甚，武士被盾[1]立庭中，优旃欲救之，戏曰：“被盾郎，汝虽长，雨中立；我虽短，殿上幸无湿。”始皇闻之，乃令徙于庑下。

◉ 汉武帝欲杀乳母，母告急于东方朔。曰：“帝怒而傍人[1]言，益死之速。而汝临去，但屡顾我，当设奇以激之。”乳母如其言。朔在帝侧曰：“汝宜速去，帝今已大，岂念汝乳哺耶？”帝怆然赦之。

注释：

1 傍人：旁人。

◉ 蜀简雍少与先主[1]有旧，随从周旋，为昭德将军。时大旱，禁酒，酿者刑。吏于人家索得酿具者，令与造酒者同罪。雍与先主游，观见一男子路中行，谓先主曰：“彼人欲淫，何以不缚？”

先主曰："卿何以知之？"雍对曰："彼有淫具，与欲酿者何异？"先主大笑，弛禁。

注释：

1 先主：指蜀汉开国皇帝刘备。

◉ 唐玄宗问黄幡绰："是何儿得怜？"对曰："自家儿得人怜。"玄宗俯首久之。

◉ 魏文[1]为五官将[2]，时临淄侯[3]才名甚盛，几有夺嫡之议。曹公一日咨于贾诩，诩默然不对。曹公问："不对，何也？"诩曰："属有所思。"问："何思？"答曰："思袁本初、刘景升[4]父子也。"于是太子遂定。

注释：

1 魏文：指魏文帝曹丕。　2 五官将：五官中郎将的简称。3 临淄侯：指曹植。　4 袁本初、刘景升：即袁绍和刘表。二人皆因爱少子而废长立幼，导致兄弟相残。

◉ 祢衡被魏武谪为鼓吏，正月半试鼓。衡扬枹为《渔阳掺挝》，渊渊有金石声，四坐为之改容。孔融曰："祢衡罪同胥靡，不能发明王之梦[1]。"魏武惭而赦之。

注释：

1 祢衡罪同胥靡，不能发明王之梦：此处用商王武丁梦贤得良相傅说之典，暗讽魏武帝曹操。意思是祢衡虽然罪同服劳役的傅说，却不能像傅说一样出现在明君的梦里。

◉ 王方庆在政府[1]，其子为眉州司士参军。武后尝问："卿在相位，何子之远？"方庆答曰："庐陵[2]是陛下爱子，今尚在远。臣之子，庸敢相近？"武后拂然[3]久之。

注释：

1 政府：唐宋时称宰相治理政务的处所为政府。 2 庐陵：指武则天的第三子唐中宗李显。武则天临朝称制的第二年，废李显为庐陵王，先后迁于均州、房州等地。 3 拂然：愤怒的样子。

◉ 高宗[1]出猎，遇雨，问谏议大夫谷那律曰："油衣[2]若何不漏？"对曰："以瓦为之则不漏。"上因此不复出猎。

注释：

1 高宗：指唐高宗李治。 2 油衣：用桐油涂制而成的雨衣。

◉ 翟永龄不信佛，其母日诵佛不辍声。永龄佯呼之，母应喏，又呼不已，母愠曰："无事何频呼也？"永龄曰："呼母三四，便怒；呼佛千万，不怒耶？"母稍止。

◉ 晋武既不悟太子之懦，有传后意，诸名臣皆多献直言。帝尝在凌云台坐，卫瓘在侧，欲申其怀，因如醉跪帝前，以手抚床曰："此座可惜。"帝虽悟，因笑曰："公醉耶？"

◉ 王夷甫[1]妇，郭泰宁女，才拙而性刚，聚敛无厌，干豫人事，夷甫患之而不能禁。时其乡人幽州刺史李阳，京都大侠，犹汉之楼护[2]，郭氏惮之。夷甫骤[3]谏之，乃曰："非但我言卿不可，李阳亦谓卿不可。"郭氏小为之损[4]。

注释：

1 王夷甫：西晋名士，朝中重臣。 2 楼护：汉代游侠。 3 骤：屡次。 4 小为之损：因此稍稍收敛。

◉ 陆玩拜司空，有人诣之，索美酒，得便自起，泻着梁柱间地，祝曰："当今乏才，尔为柱石之用，莫倾人栋梁[1]。"玩笑曰："戢卿良箴[2]。"

注释：

1 当今乏才，尔为柱石之用，莫倾人栋梁：这句话暗讽陆玩。刘孝标注引《玩别传》云："是时王导、郗鉴、庾亮相继薨殂，朝野忧惧，以玩德望，乃拜司空。玩辞让不获，乃叹息谓朋友曰：'以我为三公，是天下无人矣。'时人以为知言。" 2 戢卿良箴：意思是您的金玉良言我记住了。戢，收藏。

◉ 颜驷，汉文帝时为郎。至武帝，辇过郎署，见驷庞眉皓发[1]。上问曰："叟何时为郎，何其老也？"答曰："臣文帝时为郎，文帝好文而臣好武，景帝好美而臣貌丑，陛下好少而臣已老，是以三世不遇。"帝擢为会稽都尉。

注释：

1 庞眉皓发：须发皆白，年老的样子。

◉ 五代李茂贞自称岐王，开府置官属，居岐，以宽仁爱物为务。尝以地狭赋薄，下令榷油[1]，因禁城门无纳取薪者，以其可为炬也。有优者曰："臣请并禁月明。"茂贞笑而不怒。

注释：

1 榷油：官府专利卖油。

◉ 邹元标论劾张江陵[1]，张欲置之死。侍郎周思敬早朝，会张朝门外，朝鞭未鸣，二象钩鼻相拒[2]。周谓张曰："二畜拒公，胡不风上[3]杀之也？"张曰："彼为朝廷，安可杀？"周曰："前日邹元标劾公，不知为谁？"张勉强领意，贷[4]元标死。

注释：

1 张江陵：明万历内阁首辅张居正，江陵人，故称。 2 二象钩鼻相拒：两头大象钩着鼻子不让人进入。 3 风上：讽谏皇上。 4 贷：赦免，宽恕。

◉ 绍兴[1]初，杨存中在建康，有双胜交环，谓之二胜环[2]，取两宫北还之意。因得美玉，琢成帽环进高庙，日尚御冕。偶有一伶人在旁，高宗指环示之："此环杨太尉所进，名二胜环。"伶人接奏云："可惜二胜环，且放在脑后。"[3]

注释：

1 绍兴：宋高宗年号。 2 有双胜交环，谓之二胜环：双胜，传统的装饰艺术。两个菱形或圆形相扣一起，成为图案。这里指南宋初一种军旗上有善胜、威胜二宝刀图案，称作"二胜环"，谐音"二圣还"，寓徽、钦二宗归还之意。 3 可惜二胜环，且放在脑后：此句讽刺高宗不想迎回被金兵掳走的徽、钦二宗。

◉ 辛京杲[1]以私杖杀部曲[2]，有司奏京杲罪当死，上将从之。李忠臣曰："京杲当死久矣！"上问其故，忠臣曰："京杲诸父兄弟皆战死，独京杲今日尚存，故臣以为久当死。”上悯然，左迁京杲。

注释：

1 辛京杲：唐朝将领。 2 部曲：部属，部下。

◉ 姚崇对便殿[1]，佯跛足。上曰：“卿有足疾耶？”崇曰：“臣有腹心疾，足疾不足畏也。”

注释：

1 便殿：正殿以外的别殿，古时帝王休息消闲之处。

◉ 楚昭王与吴战，败走四十步，忽遗其履，取之。左右曰：“楚国虽贫，而无一履哉？”王曰：“吾悲其俱出而不得与其俱返也。”于是楚兵无相弃遗者。

◉ 晋文公出伐卫，公子仰而笑。公问：“何笑？”公子曰：“臣笑臣邻人也。臣之邻人有送其妻适私家者，道逢桑妇而悦，与之言，然顾视其妻，亦有招之矣[1]。”公悟，乃止。

注释：

1 亦有招之矣：也有人在勾引自己的妻子。

◉ 齐景公时，有一人犯罪，景公怒，令支解之，语曰：“敢谏者诛！”晏子左手持其头，右手执刀，仰问景公曰：“自古圣主明王，支解人从何而始？”景公遽舍之。

◉ 景公[1]饮酒，七日七夜不止。弦章谏曰："君饮酒七日七夜，章愿君废酒也！不然，章赐死。"晏子入见，公曰："章谏吾曰：'愿君之废酒也！不然，章赐死。'如是而听之，则臣为制也；不听，又爱[2]其死。"晏子曰："幸矣，章遇君也！令章遇桀纣者，死久矣。"于是公遂废酒。

注释：

1景公：指齐景公。 2爱：吝惜。

◉ 宣和[1]间，乐部[2]焦德一日从幸禁苑，上指花竹草木以询其名，德曰："皆芭蕉也。"上诘之，对曰："禁苑花竹，皆取于四方，道里远涉，巴至[3]上林，则已焦矣！"

注释：

1宣和：宋徽宗年号。 2乐部：官署名。犹太乐署。 3巴至：一直巴望，终于到达。

◉ 常州苏掖，仕至监司[1]，家富甚啬。每置产，吝不与直。所争一文，必至变色。后因置别墅，与售者反复甚苦。子在旁劝曰："大人可增少金，我辈他日卖之，亦可得善价也。"掖愕然，自尔乃复少改。

注释：

1监司：负有监察之责的官吏。

◉ 桓公[1]在荆州，全欲以德被江汉，耻以威刑肃物。令史受杖，正从朱衣上过[2]。桓式[3]年少，从外来，云："向从阁下过，见令史受杖，上捎云根，下拂地足[4]。”

注释：

1 桓公：指桓温。 2 正从朱衣上过：刑杖只是从令史的朱色公服上滑过。 3 桓式：桓温之子。 4 上捎云根，下拂地足：意思是根本没有打到身上。

讥语第十三

吴苑曰：讥刺之语，莫盛于诗人。诗人之刺隐，圣人不删；舌士之刺显，君子不取。君子不取，而荩之纂之，不佞次之，何也？盖风之可以偃草木，不可以入顽石钝金；入顽石钝金者，则在洪垆利凿矣！讥之一义，譬如烘垆利凿，亦顽钝之他山也。诚世间皆灵石精金，则垆凿已自受模铸，安能复及人耶？此我世之所必无耳。若一往一来，两相角刃，此正所次之正意。乃次讥语第十三。

◉ 卢藏用始隐终南山，中宗朝累居要职。有道士司马承祯者，睿宗遣至京[1]，将还，藏用指终南山谓之曰："此中大有佳处，何必在远？"承祯徐答曰："以仆所观，乃仕宦捷径耳。"

注释：

1 睿宗遣至京：《旧唐书·隐逸传》载，睿宗景云二年，司马承祯自天台山应召入京城。

◉ 裴玄本为户部郎中，时左仆射房玄龄疾甚，省郎将问疾。玄本戏曰："仆射病，须问之；既甚已，何须问也？"有泄其言者。既而随例候玄龄，玄龄笑曰："裴郎中来，玄龄不死矣。"裴甚踧踖不安。

◉ 李义府[1]常赋诗曰："镂月成歌扇，裁云作舞衣。自怜回雪影，好取洛川归。"有枣强尉张怀庆好论名士文章，乃为诗曰："生憎镂月成歌扇，出意裁云作舞衣。照镜自怜回雪影，时来好取洛川归。"人谓之曰"活剥王昌龄，生吞郭正一[2]"。

注释：

1 李义府：唐朝宰相。 2 郭正一：唐朝宰相。明习故事，文辞诏敕，多出其手。

◉ 则天初革命，恐群心未附，乃令人自举供奉官，正员之外，置里行、拾遗、补阙、御史等，至有车载斗量之咏。有御史台令史将入台，值里行[1]数人聚立门内，令史下驴，驱入其间，里行大怒，将加杖罚。令史曰："今日过[2]实在驴，乞数[3]之，然后受罚。"里行许之。乃数驴曰："汝技艺可知，精神极钝，何物驴畜，敢于御史里行！"诸里行羞赧而止。

注释：

1 里行：官名。唐置，有监察御史里行、殿中里行等，都不是正官，也不规定员额。 2 过：过错。 3 数：数落，责备。

◉ 鲁直戏东坡曰："昔王右军书为'换鹅字'，近日韩宗儒得公一帖于殿帅姚麟家，换羊肉数斤，可名书为'换羊书'矣。"苏在翰苑，一日，以生辰制撰纷冗，宗儒作柬以图报书，来人督索甚急，公笑曰："传语本官今日断屠。"

◉ 东坡一日会客，坐客举令，欲以两卦名证一故事。一人云："孟尝门下三千客，《大有》《同人》。"一人云："光武兵渡滹沱河，

《既济》《未济》。”一人云：“刘宽婢羹污朝衣，《家人》《小过》。”先生云：“牛僧孺父子犯事，《小畜》《大畜》。”盖指荆公父子也。

◉ 武帝[1]语和峤曰：“我欲先痛骂王武子[2]，然后爵之。”峤曰：“武子俊爽，恐不可屈。”帝遂召武子，苦责之，因曰：“知愧不？”武子曰：“尺布斗粟[3]之谣，常为陛下耻之！他人能令疏亲，臣不能使亲疏，以此愧陛下。”

注释：

1武帝：指晋武帝司马炎。 2王武子：西晋王济，字武子。其才华横溢，风姿英爽，被晋武帝选为女婿。 3尺布斗粟：汉文帝弟淮南王刘长谋反，事败被废，徙居蜀郡，途中不食而死。民间为此作歌谓：“一尺布，尚可缝；一斗粟，尚可舂。兄弟二人不能相容。”事见《史记·淮南衡山列传》。后多以“尺布斗粟”讥兄弟不和。晋武帝亦兄弟不睦，故王武子借机讥之。

◉ 桓大司马温诣刘尹，卧不起。桓弯弹[1]弹刘枕，丸迸碎床褥间。刘作色而起曰：“使君如馨[2]地，宁可[3]斗战求胜！”桓甚有恨容。

注释：

1弯弹：拉弓射弹。 2如馨：如此，这样。 3宁可：岂可。

◉ 嵇、阮、山、刘[1]在竹林酣饮，王戎后往。步兵[2]曰：“俗物[3]已复来败人意！”王笑曰：“卿辈意亦复可败邪？”

注释：

1 嵇、阮、山、刘：指嵇康、阮籍、山涛、刘伶。 2 步兵：指阮籍。 3 俗物：时阮籍、王戎等七人被称作“竹林七贤”，后王戎依附司马氏政权，为人所轻，故阮籍以“俗物”相称。

◉ 陈万年子咸[1]，数言事讥刺近臣。万年病，召戒床下，话至半夜，咸睡[2]，头误触屏。万年大怒曰：“乃父教戒汝，汝反不听，何也？”咸曰：“具晓所言，大约教咸谄也。”万年乃不复言。

注释：

1 陈万年子咸：陈万年，西汉人。汉宣帝时官御史大夫，善事人。其子陈咸，汉元帝时官御史中丞，性耿直。 2 睡：打瞌睡。

◉ 王忠肃[1]退朝，见一大臣目送美姝，复回顾之。忠肃戏曰：“此妇甚有力也。”大臣曰：“何以知之？”王曰：“不然，公头何以掣转？”

注释：

1 王忠肃：王翱，明代名臣。历仕七朝，辅佐六帝，谥忠肃。

◉ 韩愈谓李二十六程曰：“某与丞相崔大群同年往还，直是聪明过人。”李曰：“何处是过人者？”韩曰：“共愈往还二十余年，不曾共说着文章，不是敏慧过人也？”

◉ 严嵩诞日，诸翰林称寿，争作恭求近。时菊花满堂，陆平泉[1]独退处于后。同列问曰：“何更退为？”陆答曰：“此处怕见陶渊明。”

注释：

1陆平泉：陆树声，号平泉。明朝官员，为人狷介耿直。

◉ 卫懿公好鹤，有乘轩者[1]。狄伐卫，公欲战，国人受甲者[2]皆曰："使鹤。鹤实有禄位，余焉能战？"

注释：

1有乘轩者：乘轩，指做官。这里指给鹤封官。 2受甲者：指士兵。

◉ 王赞[1]，中朝名士。有弘农杨蘧者，曾至岭外，见杨朔、荔浦山水，心甚爱之，谈不容口。蘧常出入赞门下，稍接从容，不觉形于言曰："侍郎曾见杨朔、荔浦山水乎？"赞曰："未曾打人唇绽齿落，安得见耶[2]？"因大笑，以岭外非贬不去。

注释：

1王赞：北宋官吏。 2未曾打人唇绽齿落，安得见耶：意思是自己不曾打人犯事，怎会被贬去岭外那种蛮荒之地？

◉ 卢从愿为吏部侍郎，杜暹自婺州参军调集补郑县尉。后暹为户部尚书，从愿自益州长史入朝。暹立在卢上[1]，谓之曰："选人定何如？"卢曰："亦由仆之藻鉴[2]，遂使明公得展足千里也。"卢涩口无应。

注释：

1暹立在卢上：杜暹站在卢从愿的上位。意即杜位在卢上。2藻鉴：品藻鉴别。

◉ 朱泚之乱[1]，源休、姚令言[2]等收图书，贮仓廪，作萧何事业[3]。休退语黄门侍郎蒋练曰："若度其才，即吾为萧，姚为曹[4]耳。"识者闻之，谓休不奈官职。乔琳语旧寮曰："源公真可谓火迫酂侯[5]矣！"

注释：

1 朱泚之乱：指唐中期的泾原兵变。建中四年，泾原地方士兵兵变，攻陷帝都长安，拥立朱泚为主，唐德宗仓皇出逃。 2 源休、姚令言：泾原兵变中辅佐朱泚的逆臣。朱泚登基，以源休为宰相，姚令言为侍中。 3 作萧何事业：《史记·萧相国世家》载："沛公至咸阳，诸将皆争走金帛财物之府分之，何独先入收秦丞相御史律令图书藏之。"这里指源、姚等效仿萧何之举。 4 吾为萧，姚为曹：萧、曹分别指西汉开国功臣萧何和曹参。 5 火迫酂侯：火迫，犹火急，急切。酂侯，汉高祖刘邦赐给萧何的诸侯封号。源休助朱泚为逆，以萧何自比，急于成事，故称。

◉ 崔湜为吏部侍郎，掌铨[1]。有选人引过[2]分疏[3]云："某能翘关、负米[4]。"湜曰："若壮，何不兵部？"答曰："过者皆云崔侍郎门，有力[5]者即得。"

注释：

1 掌铨：掌管官吏选拔。 2 引过：承认过失。 3 分疏：辩白，诉说。 4 翘关、负米：都是古代武举考试的项目。 5 有力：言表之意指力气大，言下之意指有权势或有财力。此实为讥崔湜之语。

◉ 唐郑愔为吏部侍郎，掌选，赃污狼藉。引铨，有选人系百钱于靴上，愔问其故，答曰："非钱不行。"愔默而不言。

◉ 孔稚圭宅中草没人，南有山池，春日蛙鸣。仆射王晏尝鸣笳鼓[1]造之，闻群蛙鸣，晏曰："此殊聒人耳。"答曰："听卿鼓吹，稍觉过此。"

注释：

1 笳鼓：笳声与鼓声。借指军乐。

◉ 孙一元隐居西湖，矫情[1]不娶，仿林逋以梅鹤为妻子[2]。后改度[3]，徙至湖州，连娶二妇。有一士过吴兴，谓之曰："仆从西湖上来，一人寄语谯[4]君，君不得无罪。"孙问何人，其人故不语。孙问不已，其人曰："梅令眷、鹤令郎耳。"孙无地。

注释：

1 矫情：故违常情以立异。 2 林逋以梅鹤为妻子：北宋林逋隐居西湖孤山，种植梅花，饲养仙鹤，终身未娶，被称为"梅妻鹤子"。 3 改度：这里指改变了想法。 4 谯：责备，谴责。

◉ 谢幼舆谓周侯[1]曰："卿类社树[2]。远望之，峨峨拂青天；就而视之，其根则群狐所托，下聚溷[3]而已！"答曰："枝条拂青天，不以为高；群狐乱其下，不以为浊。聚溷之秽，卿之所保[4]，何足自称？"

注释：

1 周侯：晋时名士周顗，袭封侯爵，故称。 2 社树：古代封土为社，各随其地所宜种植树木，称社树。 3 聚溷：聚集污秽。4 卿之所保：正是你得以庇护之地。

◉ 慈溪某县令初至任，欲行威福，谓群下曰："汝闻破家县令、灭门刺史乎？"有父老应曰："间者[1]士子多读书，惟闻'岂弟君子，民之父母'[2]。"令乃默然。

注释：

1 间者：近来。 2 岂弟君子，民之父母：语出《诗经·泂酌》。歌颂统治者爱护人民，能得民心。

◉ 谢公始有东山之志[1]，后严命屡臻，势不获已，始就桓公司马。于时人有饷桓公药草，中有远志[2]。公取以问谢："此药又名小草，何一物而有二名？"谢未即答。时郝隆在坐，应声答曰："此甚易解：处则为远志，出则为小草[3]。"谢有愧色。

注释：

1 东山之志：指隐居的念头。 2 远志：多年生草本植物。根入药，有安神、化痰的功效。又名小草。 3 处则为远志，出则为小草：处山中则为远志，出山则为小草。"处""出"语义双关，暗指隐居和出仕，以讥笑谢安先隐居后出仕的行为。

◉ 范玄平[1]在简文坐，谈欲屈[2]，引王长史[3]曰："卿助我。"王曰："此非拔山力所能助！"

注释：

1 范玄平：范汪，字玄平。东晋官员。 2 谈欲屈：交谈中渐渐词穷。 3 王长史：东晋名士王濛，官司徒左长史，故称。

◉ 王世贞谒相嵩，其子世蕃肃客[1]曰："家君伤风，不得出也。"

王曰：“爷居相位，怎说伤风？”

注释：

1 肃客：迎进客人。

◉ 卫江州在浔阳，有故人投之，都不料理，惟饷王不留行[1]一斤。此人得饷，便命驾。李弘度闻之，曰：“家舅刻薄，乃复驱使草木。”

注释：

1 王不留行：植物名。《本草纲目》载：“此物性走而不住，虽有王命，不能留其行，故名。”吝啬者常借以示拒客之意。

◉ 梁何昌宇为吏部尚书，有姓闵求官者，昌宇问：“君是谁后？”答曰：“子骞[1]后。”昌宇掩口笑曰：“遥遥华胄[2]。”

注释：

1 子骞：指孔子弟子闵子骞。 2 遥遥华胄：谓名人的远裔。嘲人自夸出于名门。

◉ 宋颜延之、何偃值路中，遥呼曰：“颜公。”延之以其轻脱[1]，答曰：“身非三公之公，又非田舍之公，又非君家阿公，何以见呼为公？”偃惭而去。

注释：

1 轻脱：轻佻。

◉ 唐太宗以李纬为民部[1]尚书，会有人自京师来者，帝曰：“玄龄闻纬为尚书，谓何？”曰：“惟称纬好须，无他语。”

注释：

1 民部：即户部。

◉ 王荆公为参知政事，时因阅晏元献[1]公小词，笑曰：“为宰相而作艳词[2]，可乎？”公弟平甫曰：“亦偶然尔。”吕惠卿为馆职，在坐，遽曰：“为政必放郑声[3]，况自为之乎？”平甫曰：“放郑声，不若远佞人。”吕大以为讥己，遂不协[4]。

注释：

1 晏元献：指晏殊。 2 艳词：描写情爱的诗词。 3 郑声：原指春秋战国时郑国的音乐。《论语·卫灵公》：“放郑声，远佞人。郑声淫，佞人殆。”后泛指与雅乐相背的音乐。 4 不协：不和。

◉ 唐湖州参军陆蒙妻蒋氏，善属文。僧知业有诗名，与蒙善。一日，访蒙谈玄，蒋使婢奉酒，知业云：“受戒不饮。”蒋隔帘问曰：“上人曾有诗云：‘接岸桥通何处路，倚楼人是阿谁家？’观此风韵，得不欲乎？”知业惭而退。

◉ 王知训帅宣州，入觐[1]，赐宴。伶伦[2]戏作绿衣人，大面如鬼状。或问：“何为者？”答曰：“吾宣州土地[3]。”问：“何故到此？”曰：“王知训入觐，和地皮卷来，因得至此。”

注释：

1 入觐：地方官员入朝觐见帝王。 2 伶伦：乐人或戏曲演员的代称。 3 土地：土地神。

◉ 文庙继统[1]，陈迪[2]不屈，与子丹山、凤山同磔[3]于市。上命割其肉塞迪口，因问："卿肉气味何如？"对曰："忠臣孝子，肉岂腥膻？臣尝其美，人闻其香，陛下岂不闻乎？"

注释：

1 文庙继统：指明成祖朱棣继承帝统。其谥号文皇帝，故称文庙。建文元年，燕王朱棣以"清君侧"为名举兵，于建文四年攻占南京，即皇帝位，改元永乐。 2 陈迪：明建文帝时任礼部尚书。朱棣即位后，召迪责问，他抗声不屈，因而被处磔刑。 3 磔：即磔刑。割肉离骨，凌迟处死的一种极刑，俗称剐刑。

◉ 丘灵鞠[1]尝诣褚彦回[2]，彦回不起，曰："此脚疾不复能起。"灵鞠曰："脚疾亦是大事，公为一代鼎臣，不可复为覆餗[3]。"

注释：

1 丘灵鞠：南朝文学家，跨宋、齐两代。 2 褚彦回：南朝宋重臣，后曾助萧道成建齐代宋。 3 覆餗：倾覆鼎中的珍馔。后用以指力不胜任而败事。此用以讥褚彦回助齐代宋之事。

◉ 武陵张冢宰瀚[1]，与大理卿陈某谒一直指[2]，时陈以两次奉例进阶，妄自腰玉[3]。直指见而惊问之曰："公何时赐玉？"陈踧踖不能对，张笑曰："此是大理石耳。"

注释：

1 张冢宰瀚：指明万历初吏部尚书张瀚。 2 直指：时朝廷设置的专管巡视、处理各地政事的官员。也称"直指使者"。 3 腰玉：指佩戴用玉石装饰的腰带。时陈某腰玉，属僭越之举。

◉ 李白开元中谒宰相，封一板，上题云“海上钓鳌客李白”。相问曰：“先生临沧海钓巨鳌，以何物为钩线？”答曰：“以风浪逸其情，乾坤维其志，以虹霓为丝，明月为钩。”又曰：“以何物为饵？”曰：“以天下无义丈夫为饵。”丞相悚然。

◉ 刘叉[1]持韩愈金数斤去，曰：“此谀墓中人得耳[2]，不若与刘君为寿。”愈不能止。

注释：

1 刘叉：唐代诗人。为人任气不羁，特立独行。 2 此谀墓中人得耳：韩愈为人作墓志，多溢美之辞。后谓为人作墓志而称誉不实为“谀墓”。

◉ 刘穆之少贫，日往妻兄江氏乞食，多见辱。江氏后有庆会，属令勿来，穆之犹往。食毕，求槟榔，江谓之曰：“槟榔消食，君何须此？”

◉ 齐晏婴短小，使楚。楚为小门于大门侧，乃延晏子。婴不入，曰：“使狗国，狗门入。今臣使楚，不当从狗门入。”

◉ 晏子使楚，楚王曰：“齐无人耶？”对曰：“齐使贤者使贤王，不肖者使不肖王。婴不肖，故使王耳。”

◉ 马季长[1]女嫁袁次阳[2]为妻。初婚夜，次阳问曰：“弟先兄举[3]，世以为笑。今处姊未适[4]，先行可乎？”答曰：“妾姊高行殊邈[5]，未遭良匹，不似鄙薄[6]，苟然[7]而已。”次阳默然不能屈。

注释：

1马季长：东汉经学家马融，字季长。 2袁次阳：东汉太傅袁隗，字次阳。 3弟先兄举：弟弟比哥哥先当官。 4今处姊未适：现在姐姐还没有出嫁。 5高行殊邈：品行高洁。 6鄙薄：自称的谦词。 7苟然：随随便便。

◉ 孙权问蜀益州太守张裔曰："蜀卓寡女[1]亡奔相如，贵土风俗，何以乃尔？"对曰："愚以为卓氏寡女，犹贤于买臣之妻[2]。"

注释：

1蜀卓寡女：卓文君为蜀人，寡居，后与司马相如私奔。 2买臣之妻：朱买臣为吴人，未显达时，卖薪自给，其妻嫌其贫寒，抛夫而去。后买臣发迹，其妻大悔。

◉ 张融与弟宝积俱谒太祖[1]，融于御前放气。宝积起谢曰："臣兄触忤宸扆[2]。"上笑而不问。须臾食至，融排宝积，不与同食。上曰："何不与贤弟同食？"融曰："臣不能与谢气之口[3]同盘。"上大笑。

注释：

1太祖：指齐太祖萧道成。 2宸扆：借指帝廷、君位。 3谢气之口：为放屁而道歉的嘴巴。

◉ 晏子与楚王坐，忽缚一人来。王问："何为者？"左右曰："齐人，坐盗。"王视婴曰："齐人善盗乎？"对曰："婴闻橘生于江南，至江北为枳，枝叶相似，其味不同，水土异也。"

◉ 郑康成[1]在袁冀州[2]座，时汝南应劭[3]亦归于袁，因起自赞曰："故太山守应仲远[4]，北面称弟子，何如？"郑笑曰："仲尼之门，考以四科。回、赐之徒，不称官阀。[5]"

注释：

1 郑康成：东汉经学家郑玄，字康成。 2 袁冀州：指袁绍。东汉末割据冀州，故称。 3 应劭：字仲远。东汉学者。 4 故太山守应仲远：应劭自称，他曾任太山（即泰山）郡太守。 5 仲尼之门，考以四科。回、赐之徒，不称官阀：孔子收门徒，考德行、言语、政事、文学四科。颜回和端木赐这些门徒，从不称道官阶门第。

◉ 北朝李谐至南，梁武与之游历，至放生处，帝问曰："彼国亦放生不？"谐对曰："不取亦不放。"帝赧然。

◉ 王平子尝行经陈留郡界，陈留时为大郡，有名人士。太守遣吏迎王，王问吏曰："此郡人士为谁？"吏曰："有蔡子尼、江应元。"是时郡人多居大位者，王以其姓名问曰："甲乙等非君郡人邪？何称此二人？"吏曰："向谓君侯问人，不谓君侯问官。[1]"王笑而止。

注释：

1 向谓君侯问人，不谓君侯问官：刚才只道君侯问的是名人，不曾想君侯问的是显官。

◉ 齐武帝时，诸弟皆无宠。尝于御坐曲宴，武陵[1]因醉伏地，以貂抄肉盘[2]。帝笑曰："污貂。"武陵答曰："陛下何爱其羽毛而疏其骨肉？"

注释：

1 武陵：武陵王萧晔。齐武帝萧赜之弟。　2 以貂抄肉盘：拿貂皮去端盛肉的盘子。

◉ 高爽尝经晋陵诣刘蒨，了不相接，高甚衔之。俄爽代蒨为县，蒨乃迎赠甚厚，爽受饷，答书云：“高晋陵自答。”人问其故，爽曰：“彼自饷晋陵令耳，何关爽事？”

◉ 支道林因人就深公[1]买印山，深公笑曰：“未闻巢由[2]买山而隐。”

注释：

1 深公：指东晋高僧竺法深。　2 巢由：巢父和许由的并称。相传皆为尧时隐士，尧让位于二人，皆不受。因用以指隐居不仕者。

◉ 王介甫为相，大讲天下水利。刘贡父尝造之，值一客献策曰：“梁山泊决而涸之，可得良田万顷，但未择得利便之地贮许水耳。”介甫倾首沉思，贡父抗声曰：“此甚不难。”介甫欣然以为有策，遽问之，曰：“别穿一梁山泊，则足以贮此水矣。”介甫笑而止。

◉ 狄仁杰为相，有卢氏堂姨，居午桥别墅，仁杰伏腊[1]修礼甚谨。尝雪后休暇，候卢氏，适见表弟挟弧矢携雉兔归，羞味进于堂上，顾揖仁杰，意甚轻傲。仁杰因启曰：“某幸为相，表弟有所欲，愿悉力从其请。”姨曰：“吾止有一子，不欲令事女主。”仁杰惭而止。

注释：

1 伏腊：指伏祭和腊祭之日，或泛指节日。

◉ 张文潜[1]常问张安道[2]："司马君实[3]直言王介甫[4]不晓事，是如何？"安道云："贤只消去看《字说》[5]。"文潜云："《字说》也只是二三分不合人意。"安道云："若然，则足下亦有七八分不晓事矣。"

注释：

1 张文潜：张耒，字文潜。 2 张安道：张方平，字安道。3 司马君实：司马光，字君实。 4 王介甫：王安石，字介甫。5《字说》：王安石撰写的文字学书。此书多穿凿附会。

◉ 王元美[1]预相嵩席，出桑落酒[2]饮之。相曰："张谓诗云'不醉郎中桑落酒'，此酒肇唐耳[3]。"王曰："《水经注》载此酒，想采此诗[4]。"

注释：

1 王元美：王世贞，字元美。 2 桑落酒：美酒名。 3 此酒肇唐耳：这种酒起于唐朝。 4《水经注》载此酒，想采此诗：《水经注》中记载有这种酒，想必就是采录于这首唐诗吧。北魏郦道元《水经注》即载有桑落酒，王世贞讲此话，实为讽刺严嵩学识粗疏。

◉ 卢肇[1]，开成中就江西解末[2]，肇送启谢云："巨鳌负赑，首冠蓬山。"试官曰："昨以人数挤排，深惭名第奉浼[3]，焉得首冠之语？"肇曰："顽石处上，巨鳌戴之，岂非首冠耶？"

注释：

1 卢肇：唐代诗人，颇有名望。 2 就江西解末：考中江西解试最后一名。 3 奉浼：蒙受委屈。

◉ 竺法深在简文坐，刘尹问："道人何以游朱门？"答曰："君自见其朱门，贫道如游蓬户。"

愤语第十四

吴苑曰：凡物之愤，必郁结而后起，如风怒则厉，泉怒则决，虎怒不择爪，人怒不择言。是皆愤之至也。盖愤不易谈，惟豪杰能之。若世间琐琐衣食之儿，即命填沟壑，不过如鱼鳖之就砧而已耳，安见其愤哉！大抵天地如弹丸，而名物有尽，生才不已。以有尽生不已，求不愤，得乎？乃次愤语第十四。

◉ 武帝拜主父偃[1]为郎中，岁中四迁，至中大夫。公卿皆畏其口，赠遗累千金。或说之为大横，偃曰："结发游学，四十年不得遂，亲不以为子，昆弟不收，宾客弃我，厄日久矣。大丈夫生不五鼎食[2]，死则五鼎烹[3]！吾日墓，故倒行而逆施之耳！

注释：

1 主父偃：汉武帝时大臣。 2 五鼎食：列五鼎而食。形容高官贵族的豪奢生活，亦喻高官厚禄。 3 五鼎烹：古代的一种酷刑。用鼎镬烹煮罪人。

◉ 沈攸之[1]晚好读书，尝叹曰："早知穷达有命，恨不十年读书！"

注释：

1 沈攸之：南朝宋名将。他出身行伍，晚好读书。

◉ 刘孝孙[1]博学通敏而仕不遂，常叹曰："古或开一说而致卿相，立谈顷而降白璧，书籍妄耳[2]！"

注释：

1 刘孝孙：唐代人。博学多才，一生仕途未曾显达。 2 书籍妄耳：书籍上记载的这些事都是虚妄不实的。刘孝孙此言实为仕宦不顺的愤激之语。

◉ 屠长卿下第归，酒酣，慷慨呼曰："吾手可扪日月而一第厄人，东海洋洋，似欲代吾矣！"

◉ 豫章狂生李如龙，常落第归，遇耕牛，大骂曰："尔腹无文章，尚有角，吾不若也。"以头触之，牛几倒。

◉ 鲍无雄落魄无遇，常以得第自期。一日于西湖醉后，忽俯水照见影，大恸曰："丈夫三十岁，尚如此头颅耶！"

◉ 吴王赐子胥死，将死，言曰："树吾墓上以梓，令可为器[1]；抉吾眼置之吴东门，以观越之灭吴也！"

注释：

1 令可为器：让梓树长大后可以为你做棺材。

◉ 赵嘉仕宦不得志，有重疾，卧蓐[1]七年，自虑奄忽[2]，乃敕兄子曰："大丈夫生世，遁无箕山操，仕无伊吕勋[3]，天不我与，复何言哉！可立一石于吾墓前，铭曰：汉有逸人，姓赵名嘉。有志无时，命也奈何！"

注释：

1 卧蓐：卧病。 2 奄忽：指死亡。 3 遁无箕山操，仕无伊吕勋：隐遁没有许由那样的操守，出仕没有伊尹和吕尚那样的功勋。

◉ 和州士人杜默，累举[1]不成名。因过乌江，入谒项王[2]庙。时正被酒沾醉，才炷香拜讫，径升偶坐，据神颈，拊其首而恸，大声语曰："大王有相亏者[3]。英雄如大王而不能得天下，文章如杜默而进取不得官，好亏我！"语毕而泪如迸泉。庙祝[4]拉杜下，视神目，泪亦涌出。

注释：

1 累举：多次参加科举。 2 项王：指项羽。 3 大王有相亏者：大王可真亏啊。 4 庙祝：庙宇中管香火的人。

◉ 殷仲文素有名望，自谓必当阿衡朝政[1]，忽作东阳太守，意甚不平。及之郡，至富阳，慨然叹曰："看此山川形势，当复出一孙伯符！"后果以反诛。

注释：

1 阿衡朝政：辅佐帝王，主持国政。

◉ 阮籍登广武[1]而叹曰："时无英雄，使竖子[2]成名！"

注释：

1 广武：古城名。故址在今河南荥阳东北，有东西二城隔涧相对。楚汉相争时，刘、项各占一城，互相对峙。 2 竖子：小子。

◉ 梅侍读[1]晚年躁于禄位[2]而病足，常抚其足而詈曰："是中有鬼，令我不至两府[3]者，汝也！"

注释：

1梅侍读：宋代梅询，官翰林侍读学士，故称。 2躁于禄位：热衷于官位俸禄。 3两府：宋代称中书省、枢密院为两府，是行使宰辅权的重要机构。

◉ 桓公[1]卧语曰："作此寂寂，将为文景[2]所笑！"既而屈起[3]坐曰："既不能流芳后世，亦不足复遗臭万载耶？"

注释：

1桓公：指东晋权臣桓温。 2文景：指晋文帝司马昭和晋景帝司马师。这两人都曾废旧主立新君，为子孙篡位打下了基础。 3屈起：起来。

◉ 王孝伯问王大："阮籍何如司马相如？"王大曰："阮籍胸中垒块[1]，故须酒浇之。"

注释：

1垒块：积砌成堆的土块。比喻郁积在心中的不平之气。

◉ 太元[1]末，长星[2]见，孝武心甚恶之。夜，华林园中饮酒，举杯属[3]星，云："长星！劝尔一杯酒。自古何时有万岁天子！"

注释：

1太元：东晋孝武帝司马曜的第二个年号。 2长星：类似彗星，有长形光芒。古人认为不吉利。 3属：劝酒的意思。

◉ 丘车骑[1]初领骁骑将军，不乐武位，谓人曰："我还东掘顾荣冢。江南地数千里，士子风流，皆出其中。顾忽引诸伧[2]渡，防我辈途辙[3]。"

注释：

1 丘车骑：南朝齐丘灵鞠，官至长沙王车骑长史，故称。 2 诸伧：南北朝时，南人讥北人粗鄙，蔑称伧辈。 3 防我辈途辙：意思是阻挡我们南人的道路。

◉ 虞仲翔[1]放弃[2]南方，谓人曰："生无可与语，死以青蝇为吊客[3]。使天下一人知己者，足以不恨。"

注释：

1 虞仲翔：虞翻，字仲翔。三国时期吴国官员。 2 放弃：流放。 3 生无可与语，死以青蝇为吊客：生前没有可以说上话的知音，死后只有苍蝇来吊唁。

◉ 萧南郡[1]除[2]少府，意甚不得，寺内所住斋前有故种花草甚美，悉令铲除，列种白杨树。每谓人曰："人生不得行胸怀，虽寿百岁，犹为夭也！"

注释：

1 萧南郡：南朝宋萧惠开，曾授南郡太守，故称。 2 除：授官。

◉ 王融自恃人地[1]，三十内望为公辅。夜直中书省，叹曰："作此寂寂，使邓禹[2]笑人。"

注释：

1 人地：品学门第。 2 邓禹：协助刘秀建立东汉，功劳卓著，二十四岁封鄼侯。

◉ 毛伯成[1]既负其才气，常云："宁为兰摧玉折，不作萧敷艾荣[2]！"

注释：

1 毛伯成：东晋毛玄，字伯成。 2 萧敷艾荣：萧、艾，泛指蒿草；敷、荣，泛指花开茂盛貌。这里用蒿草长得茂盛比喻小人得志。

◉ 罗逸平生多读书，不能自润[1]，每叹曰："男儿在世，场场皆当历过。吾历贫而未历富，历贱而未历贵。虞卿寂寂[2]，岂男儿久为耶？当觅东街一洒[3]，以完结此心耳。"

注释：

1 自润：自己得到好处。 2 虞卿寂寂：虞卿，战国时人。曾为赵国上卿，后遭困窘，郁郁不得志。 3 洒：斟酒。

◉ 王维宁过卖棺肆，叹曰："人生不能得金紫[1]封骨，死何用此为？"

注释：

1 金紫：黄金印章和系印的紫色绶带，亦为表示品级之服饰。后用来指高官显爵。

辩语第十五

吴苑曰：辩者无锋不摧，无坚不入。彼以直来，我以横往；彼以顺加，我以逆受。此涕唾之战场也，故战国称为辩士。辩之有似于争，君子无所争而取之，可乎？曰：不。审问之、明辩之之语，圣人已垂令教，盖不辩无以明格，斯辩亦近道矣。强词曰：其辩也君子，奚害焉？乃次辩语第十五。

◉ 刘贡父一日问苏子瞻："老身倦马河堤永，踏尽黄榆绿槐影[1]，非阁下之诗乎？"子瞻曰："然。"贡父曰："是日影耶，月影耶？"子瞻曰："竹影金锁碎[2]，又何常说日月也？"刘不能答。

注释：

1 老身倦马河堤永，踏尽黄榆绿槐影：语出苏轼《召还至都门先寄子由》。 2 竹影金锁碎：语出韩愈、孟郊联句诗《城南联句》。

◉ 荀慈明与汝南袁少朗相见，问颍川士，慈明先及诸兄。少朗叹之曰："但可私亲而已。[1]"慈明答曰："足下相难[2]，依据何经？"少朗曰："问国士，始及诸兄，是以尤[3]之。"慈明曰："昔祁奚内举不失其子，外举不失其仇[4]，以为至公。公旦，周文王之子，《诗》不论尧舜之德而颂文武[5]者何？先亲之义。《春秋》之义，内中国而外诸夏。且不爱其亲而爱他人者，不当以是悖德乎？"

注释：

1但可私亲而已：只不过偏爱自己的亲人罢了。 2难：责难。 3尤：责备。 4祁奚内举不失其子，外举不失其仇：春秋时期，大夫祁奚向晋侯请求告老还乡，晋侯问他谁可以接任，他推荐了他的仇敌解狐。晋侯问谁可以担任中军尉，祁奚推荐了自己的儿子祁午。 5《诗》不论尧舜之德而颂文武：《世说新语·言语》："公旦《文王》之诗，不论尧舜之德。"《文王》之诗即指《诗经·大雅·文王之什》，均为赞颂周文王、周武王及周朝先人的作品。

◉ 高定年七岁，读《尚书》至《汤誓》，问父曰："奈何以臣伐君？"答曰："应天顺人[1]。"又问曰："用命，赏于祖；不用命，戮于社[2]。岂是顺人？"父不能对。

注释：

1应天顺人：上应天命，下顺人心。 2用命，赏于祖；不用命，戮于社：语出《尚书·甘誓》。意思是听从命令，就在祖先牌位前进行赏赐；不听从命令，就在社神牌位前进行杀戮。

◉ 杨修九岁，甚聪惠。孔君平诣其父，不在。修为君平设果，有杨梅，君平曰："此实君家果。"修应声答曰："未闻孔雀是夫子家禽也。"

◉ 东晋光禄祖纳，少孤苦，性至孝，常自为母炊爨作食。王平北闻其常亲供养，乃以二婢饷之，因以为吏。人有戏之者曰："奴价倍于婢。"祖答曰："百里奚亦何必轻于五羖之皮耶[1]？"

注释：

1 百里奚亦何必轻于五羖之皮邪：百里奚就一定比五张羊皮还要轻贱吗？百里奚原来为虞国大夫，虞为晋灭，他为晋所俘，作为陪嫁之臣送入秦国。百里奚感到耻辱，逃往楚国，楚人执之，以牧牛为生。秦穆公听说他很贤能，派人以五张公羊皮将百里奚赎回，拜为上大夫，故世人称之为“五羖大夫”。

◉ 齐刘绘为南康郡，郡人郅类所居名秽里。绘戏之曰：“君有何秽而居秽里？”答曰：“未审仲尼有何阙而居阙里。”

◉ 王浑平吴之日，登建业宫釃酒，既酣，谓吴人曰：“诸君亡国之余，得无戚乎？”时周子隐[1]答曰：“汉末崩分，三国鼎立，魏灭于前，吴灭于后。亡国之戚，岂惟一人？”王有惭色。

注释：

1 周子隐：周处，字子隐。东吴亡后，周处仕西晋。

◉ 岳柱年八岁，时观画师何澄画《陶母剪发[1]图》，指陶母手中金钏[2]诘之曰：“有此可易酒，何用剪发？”何大惊，即易之。

注释：

1 陶母剪发：陶侃年轻时很贫困。朋友陆逵来拜访他，因为家贫无钱买酒菜招待，陶侃的母亲在仓促之间，便把她的头发剪下来去卖钱换酒。 2 金钏：金镯子。

◉ 曾有白头鸟集吴殿前，孙权问群臣：“此何鸟也？”诸葛元逊[1]对云：“此名白头翁。”张辅吴[2]自以坐中最老，疑元逊戏之，因曰："恪欺陛下，未尝闻鸟名白头翁者，试使恪复求白头母。"元逊曰："鸟名鹦母，未必有父，试使辅吴复求白头父。"昭不能答。

注释：

1 诸葛元逊：诸葛恪，字元逊。三国时期东吴权臣，东吴大将军诸葛瑾长子，蜀汉丞相诸葛亮之侄。 2 张辅吴：张昭，东吴重臣，官拜辅吴将军。

◉ 某令贪，监司欲斥之。陈渠为中丞，欲解之，谓曰："此地穷苦，不比贵乡，墨不满橐[1]也。"监司曰："盗劫贫家，岂得无罪？"

注释：

1 墨不满橐：贪污的东西还装不满一口袋。

◉ 王右军与谢太傅共登冶城。谢悠然远想，有高世[1]之志。王谓谢曰："夏禹勤王，手足胼胝[2]；文王旰食，日不暇给[3]。今四郊多垒[4]，宜人人自效。而虚谈废务，浮文防要，恐非当今所宜。"谢曰："秦任商鞅，二世而亡，岂清言[5]致患耶？"

注释：

1 高世：出尘离世，这里指归隐。 2 夏禹勤王，手足胼胝：夏禹协助虞舜治水，手足起茧。 3 文王旰食，日不暇给：周文王忙于政事，甚至没有空闲吃饭。 4 四郊多垒：城四围多军垒，指遭遇战事。 5 清言：清谈，又称玄谈。指魏晋时期崇尚老、庄，空谈玄理的风气。

◉ 东坡尝举“坡”字问荆公何义，公曰：“坡者，土之皮。”东坡曰：“然则滑者水之骨乎？”荆公默然。

◉ 边文礼见袁奉高，失次序[1]。奉高因嘲曰：“昔尧聘许由，面无怍色[2]，先生何为颠倒衣裳[3]？”文礼答曰：“明府[4]初临，尧德未彰，是以贱民颠倒衣裳耳。”

注释：

1 失次序：即举止失措。 2 面无怍色：脸上没有羞愧的神色。 3 颠倒衣裳：把上衣和下裳颠倒过来穿，比喻举止失常。4 明府：对郡守或县令的尊称。

◉ 东汉陈太丘寔，与友人期行，过期不至，太丘舍去，去后乃至。其子元方年七岁，在门外戏。客问元方：“尊君在不？”答曰：“待君不至，已去。”友人便怒，曰：“非人！与人期行，相委而去。”元方曰：“君与家君期日中，过时不来，则是无信；对子骂父，则是无礼。”友人惭，下车引之。元方遂入门不顾。

◉ 光武帝召第五伦[1]访政事，因戏谓曰：“闻卿为吏挝妇翁[2]，宁有之耶？”对曰：“臣三娶妻皆无父。”帝大笑。

注释：

1 第五伦：复姓第五，名伦。东汉时期大臣。 2 挝妇翁：打岳父。

◉ 倪文毅岳[1]，五岁侍父文僖[2]。父曰：“天上更有天。”对曰：“地下更有天。”父笑曰：“小子妄言，地下安得有天？”对曰：

"卵白[3]岂止一面？"

注释：

1倪文毅岳：明代名臣倪岳，谥文毅。 2文僖：倪岳之父倪谦，谥文僖。 3卵白：蛋白。

◉ 张敞为妇画眉，长安中传张京兆眉妩。有司以奏，上问之，对曰："闺房之内，夫妇之私，有过于画眉者。"上爱其能，弗责也。

◉ 刘恕年四岁，颖悟俊拔。坐客有言孔子无兄弟者，恕应曰："以其兄之子妻之[1]，非兄乎？"

注释：

1以其兄之子妻之：语出《论语·公冶长》："子谓南容，'邦有道，不废；邦无道，免于刑戮'。以其兄之子妻之。"

◉ 淮海周辉，与人论臭腐化神奇，或云无是理，周曰："药中秋石[1]，何自而出？"

注释：

1秋石：丹药名。以人中白（人尿自然沉结的灰白色固体物）炼成。

◉ 王绪为大将，令军中无得以老弱自随，犯者斩。王潮兄弟独扶其母，绪责之曰："军皆有法，未有无法之军。"三子曰："人皆有母，未有无母之人。"乃释之。

［元］任仁发《张果见明皇图》（局部）

［元］钱选《杨贵妃上马图》（局部）

◉ 王圣美为县令，未知名。谒一达官，值其方与客谈《孟子》，不顾圣美。久之，忽顾圣美曰："尝读《孟子》不？"圣美对曰："生平爱之，但都不晓其义。"主人问何不晓。曰："'孟子见梁惠王'，已不晓此语。"达官深讶之，曰："此有何奥义？"圣美曰："既云'不见诸侯'，因何见梁惠王？[1]"

注释：

1 既云"不见诸侯"，因何见梁惠王：孟子虽云不见诸侯，但待之以礼者则见。梁惠王卑礼厚币以招贤者，故孟子去见梁惠王。王圣美以此暗讽达官无礼。

◉ 李勉[1]为司徒平章事，一日，德宗[2]谓勉曰："众人皆言卢杞[3]奸，朕何不知？"勉对曰："陛下不知，所以为奸也。"

注释：

1 李勉：唐朝宰相。 2 德宗：唐德宗李适。 3 卢杞：唐朝大臣。为人阴险狡诈，居相位期间，嫉贤妒能，先后陷害杨炎、颜真卿，排斥宰相张镒等。又征收房屋"间架税""除陌税"，天下怨声载道。

◉ 周彬不治财产，服膺儒学。其妻让[1]之曰："汝家兄弟能力稼穑[2]，囊箱丰溢，汝之不调[3]，无思悔，毕向何如？"及先主[4]镇金陵，彬囊文往谒，锡赉颇厚。归，以所锡金帛陈于庭前，谓妇曰："吾今与伯叔何如优胜？"妇曰："男子之事，非女子所能知。"

注释：

1 让：责怪。 2 力稼穑：从事农业劳动。 3 不调：不才。

4 先主：指南唐开国之主李昪。

◉ 嵇中散语赵景真："卿童子[1]白黑分明，有白起[2]之风，恨量小狭。"赵云："尺表能审玑衡之度，寸管能测往复之气[3]，何必在大！"

注释：

1 童子：眼珠。童，通"瞳"。 2 白起：战国时期秦国人，秦昭王时征战六国，为秦统一做出了巨大的贡献。据说他瞳子白黑分明，古人认为这样的人见解高明。 3 尺表能审玑衡之度，寸管能测往复之气：尺许长的日表能测天体之大，寸许长的律管能测气候的变化。

◉ 王荆公初参政，视庙堂如无人。一日，行新法，怒目诸公曰："此辈坐不读书耳。"赵清献公同参知政事，独折之曰："君言失矣。如皋夔契稷[1]之时，有何书可读？"公默然。

注释：

1 皋夔契稷：传说中舜时贤臣皋陶、夔、契和后稷的并称。亦借指贤臣。

◉ 鸿胪卿孔群[1]好饮酒。王丞相语云："卿何为恒饮酒？不见酒家覆瓿[2]布日月糜烂？"群曰："不尔。不见糟肉[3]乃更堪久？"

注释：

1 孔群：东晋官员。 2 瓿：小瓮。这里指酒坛。 3 糟肉：用酒腌制的肉。

◉ 许允[1]为吏部郎，多用其乡里[2]，魏明帝遣虎贲[3]收之。其妇出诫允曰："明主可以理夺，难以情求。"既至，帝核问之。允对曰："举尔所知[4]。臣之乡人，臣所知也。"

注释：

1 许允：三国魏官员。 2 乡里：同乡。 3 虎贲：官名。皇宫卫队将领。 4 举尔所知：语出《论语·子路》。意为举荐你所了解的人。

◉ 许允妇是阮卫尉[1]女，奇丑。初婚时，允既见，即欲出。妇料其出必无入理，便捉裾[2]停之。许因谓曰："妇有四德[3]，卿其有几？"妇曰："新妇所乏，惟容尔。然士有百行[4]，君有几？"许云："皆备。"妇曰："夫百行以德为首，君好色不好德，何谓皆备？"允有惭色，遂相敬重。

注释：

1 阮卫尉：阮共，三国魏时官至卫尉卿。 2 裾：衣服的前后襟，也指衣服的前后部分。 3 四德：即妇德、妇言、妇容、妇功。 4 百行：指各种好的品行。

◉ 许玄度隐在永兴南幽谷中，每致四方诸侯之遗[1]。或谓许曰："尝闻箕山人[2]似不尔耳！"许曰："筐篚苞苴[3]，故当轻于天下之宝耳[4]！"

注释：

1 遗：赠送。 2 箕山人：指尧时的隐士许由。相传尧想把君位让给他，他拒而不受，隐居箕山。 3 筐篚苞苴：指馈赠的礼物。 4天下之宝：指君位。

◉ 阮宣子以三语为王太尉掾[1]，卫玠嘲之曰："一言可辟[2]，何假于三?"宣子曰："苟是天下人望[3]，亦可无言而辟，复何假一?"

注释：

1阮宣子以三语为王太尉掾：《世说新语·文学》载，阮宣子有令闻，太尉王夷甫善其言，辟之为掾，世谓三语掾。 2辟：征辟，授予官职。 3人望：众望所归的人。

颖语第十六

吴苑曰：舌之有颖，如弩之有机，天下之利物也。颖之于语，无类不有，惟谐、谑、讥、辩之类居多。然四语已有部领，即四语中有具颖者，而颖部无与焉，以其有四部也。惟其不能入谐、谑、讥、辩之语，斯成颖语矣。乃次颖语第十六。

◉ 诸葛靓[1]在吴，于朝堂大会，孙皓[2]问："卿字仲思，何为所思？"对曰："在家思孝，事君思忠，朋友思信，如斯而已。"

注释：

1 诸葛靓：字仲思。三国魏征东大将军诸葛诞少子。 2 孙皓：三国吴末代皇帝。吴大帝孙权之孙。

◉ 宋[1]梁州范百年，因事谒明帝，帝言次[2]及广州贪泉[3]，因问之曰："卿州复有此水不？"百年答曰："梁州惟有文川、武乡、廉泉、让水。"又问："卿宅在何处？"曰："臣居在廉、让之间。"

注释：

1 宋：指南朝刘宋。 2 言次：言谈之间。 3 贪泉：泉名。相传饮此泉水就会起贪心。

◉ 齐武帝尝谓群臣曰："我后当何谥？"莫有对者。王俭因目庾杲之[1]对。杲之曰："陛下寿比南山，与日月齐明。千载之后，岂是臣之轻所度量?”

注释:

1 庾杲之:南朝齐官员。

◉ 王俭为吏部尚书,有客姓谭求官。曰:“齐桓灭谭,那得有汝?”答曰:“谭子奔莒[1],所以有仆。”

注释:

1 谭子奔莒:《左传·庄公十年》:“冬,齐师灭谭,谭无礼也。谭子奔莒,同盟故也。”

◉ 梁武帝尝以枣掷兰陵萧琛,琛仍取栗掷帝,正中面。帝动色言:“汝那得如此,岂有说耶?”琛应声曰:“陛下投臣以赤心,臣敢战栗于陛下。”

◉ 萧琛尝于御坐饮酒,属酒[1]北使[2]员外常侍李道固,不受,曰:“公庭无私礼,不容受卿劝。”众皆失色,恐无以酬[3]。琛徐曰:“《诗》所谓‘雨我公田,遂及我私’[4]。”道固乃屈意受酒。

注释:

1 属酒:举杯劝酒。 2 北使:北魏派到南朝梁的使者。 3 酬:应对,对答。 4 雨我公田,遂及我私:语出《诗经·小雅》。意思是雨水润泽公田,顺便也滋润我的私田。

◉ 张后胤[1]在并州,太宗尝就受《春秋》。后因诏入赐宴,言及平昔[2],从容谓曰:“今日弟子何如?”后胤对曰:“昔孔子领徒三千，达者无子男之位[3]。臣翼赞[4]一人，即为万乘[5]主。计臣此功，愈于先圣。”太宗大悦。

注释：

1张后胤：初唐人。以学行见称，曾教授李世民《春秋》。2平昔：往昔。3达者无子男之位：其中显达的连低等的爵位都没有。古代爵位分公、侯、伯、子、男五级，子、男属于较低级别。4翼赞：辅佐。5万乘：指帝位。

◉ 唐张林言毁佛寺，分遣御史检天下所废寺及收录金银佛像。有苏监察者，巡检两街诸寺，见银佛一尺以下者，多袖之而归，人谓之“苏扛佛”。或问温庭筠[1]将何对，温应声曰：“无以过‘密陀僧[2]’。”

注释：

1温庭筠：晚唐诗词名家。2密陀僧：矿物名。其主要成分为氧化铅。“陀”谐音“驼”。

◉ 钟毓、钟会少有令誉[1]，年十三。魏文帝闻之，语其父钟繇曰：“令卿二子来。”于是敕见。毓面有汗，帝问曰：“卿面何以汗？”毓对曰：“战战惶惶，汗出如浆。”复问会：“卿何以不出汗？”对曰：“战战栗栗，汗不得出。”

注释：

1令誉：美好的声誉。

◉ 晋武帝始登阼[1]，探策[2]得“一”，王者世数，系此多少。帝既不悦，群臣失色，莫能有言者。侍中裴楷进曰："臣闻天得一以清，地得一以宁，侯王得一以为天下贞[3]。"帝悦，群臣叹服。

注释：

1登阼：登上帝位。 2探策：求签。帝王登基时，求签占卜以预测帝位能传多少代。 3天得一以清，地得一以宁，侯王得一以为天下贞：语出《老子》三十九章。《老子》所谓"一"，是指道。

◉ 钟繇昼寝，二子毓、会共偷服散酒。繇时觉，且假寐以观之。毓拜而后饮，会饮而不拜。既问之，毓曰："酒以成礼，不敢不拜。"又问会何以不拜，会曰："偷本非礼，所以不拜。"

◉ 孙齐由、齐庄二人小时诣庾公，公问齐由何字，曰："齐由。"公曰："欲何齐[1]耶？"曰："齐许由。"又问齐庄何字，曰："齐庄。"公曰："欲何齐耶？"曰："齐庄周。"公曰："何不慕仲尼而慕庄周？"答曰："圣人生知[2]，故难慕。"庾公大喜。

注释：

1齐：同等，相等。 2圣人生知：圣人生下来就知道一切。

◉ 蜀先主以伊籍为左将军从事中郎，使吴，孙权闻其才辩，欲逆折[1]其辞。籍适入拜，权曰："劳事无道之君[2]。"籍应声对曰："一拜一起，未足为劳。[3]"吴主大惭。

注释：

1逆折：挫折，摧折。 2劳事无道之君：辛辛苦苦地侍奉无道的君主。 3一拜一起，未足为劳：（对您）拜一下，再起身一下，算不上辛劳。

◉ 陆机诣王武子，武子有百斛羊酪，指以示之曰："卿东吴何以敌此？"陆曰："有千里莼羹，未下盐豉耳！[1]"

注释：

1 有千里莼羹，未下盐豉耳：有千里湖的莼羹，还是未加盐豉来调味的呢！

◉ 孔融与祢衡友厚，跌荡狂放。衡谓融曰："仲尼不死。"融答曰："颜回复生。"

◉ 唐辛郁，管城人也，旧名太公。弱冠，遭太宗于行所，问："何人？"曰："辛太公。"太宗曰："何如旧太公？"郁曰："旧太公八十始遇文王，臣今适十八，已遇陛下，过之远矣。"

◉ 李令伯[1]常聘吴[2]，吴主与群臣泛论道义，因言："宁为人弟。"令伯曰："愿为人兄。"吴主问："何愿为兄？"令伯答曰："为兄供养之日长。[3]"

注释：

1 李令伯：李密，字令伯。曾仕蜀汉，以孝著称。 2 聘吴：出使吴国。 3 为兄供养之日长：做兄长供养父母的时间会多一些。

◉ 宋世祖[1]尝赐谢中书庄宝剑，谢以与鲁爽送别。后鲁作逆[2]，世祖尝因宴集，问剑所在，谢曰："昔日鲁爽别，窃为陛下杜邮之赐[3]。"

注释：

1 宋世祖：指南朝宋孝武帝刘骏。 2 后鲁作逆：宋孝武帝即位后，鲁爽拥戴南郡王刘义宣，起兵于寿阳，兵败被杀。 3 杜邮之赐：意思是赐剑使其自裁。秦大将白起埋怨秦王不听其言而遭楚魏联军攻击，不肯为将，称病不起。秦王免白起为士伍，遣之出咸阳。至杜邮，复使使者赐之剑，使自裁。

◉ 张说女嫁卢氏，女尝为其舅[1]求官，说不语，但指搘床龟[2]示之。归告其夫曰："舅得詹事矣[3]。"

注释：

1 舅：公爹。 2 搘床龟：支床之龟。搘，支撑。 3 舅得詹事矣：龟甲用于占卜之事，"占事"谐音"詹事"，故云。

◉ 耿九畴[1]迁盐运使，有廉声。尝临水坐，有童子戏其旁，九畴曰："此水何清也！"童子应曰："尚不及使君之清也。"

注释：

1 耿九畴：明代官员，为官清廉。

◉ 解学士缙童时，妇翁[1]过其家，解父抱缙置椅上，妇翁曰："父立子坐，礼乎？"解应声曰："嫂溺叔援，权也。[2]"

注释：

1 妇翁：岳父。 2 嫂溺叔援，权也：嫂子掉进水里，小叔子伸手去救援，这是权宜变通。语出《孟子·离娄上》："男女授受不亲，礼也；嫂溺，援之以手者，权也。"

◉ 周仆射伯仁[1]，雍容好仪形，诣王公[2]，初下车，隐数人[3]，王公含笑看之。既坐，傲然啸咏。王公曰："卿欲希嵇阮[4]邪？"答曰："何敢近舍明公，远希嵇阮！"

注释：

1 周仆射伯仁：东晋名士周顗，字伯仁，官至尚书左仆射，故称。 2 王公：指东晋丞相王导。 3 隐数人：由数人搀扶。隐，凭依。 4 希嵇阮：效仿嵇康和阮籍。希，仰慕。

◉ 袁相国履善，六七岁时与群儿戏，自称小相公。潞溪彭公见之，戏曰："愿为小相[1]。"袁应声曰："窃比老彭[2]。"

注释：

1 愿为小相：语出《论语·先进》："宗庙之事，如会同，端章甫，愿为小相焉。" 2 窃比老彭：语出《论语·述而》："述而不作，信而好古，窃比于我老彭。"

◉ 杨大年亿方与客棋，石曼卿自外至，坐于一隅。大年因诵贾谊赋向石曰："止于坐隅，貌甚闲暇。[1]"石遽答云："口不能言，请对以臆。[2]"

注释：

1 止于坐隅，貌甚闲暇：语出汉贾谊《鵩鸟赋》："止于坐隅兮，貌甚闲暇。"停在座位的一角，样子悠闲从容。 2 口不能言，请对以臆：语出《鵩鸟赋》："口不能言，请对以臆。"嘴巴不能说话，请求用胸臆来对答。

◉ 宋太祖初幸相国寺，至佛像前烧香，问当拜与不拜，僧录赞宁奏曰：“不拜。”问其何故，对曰：“见在佛不拜过去佛。”

◉ 杨大年年十一，太宗皇帝闻其名，召对便殿，授秘书省正字，且谓曰：“卿久离乡里，得无念父母乎？”对曰：“臣见陛下，一如臣父母。”上叹赏久之。

◉ 袁彦伯宏[1]以吏部郎出为东阳郡，太傅谢安赏宏机速[2]，乃祖[3]之于冶亭，时贤皆集。安欲卒迫试之[4]，执手将别，顾左右取一扇赠之。宏即曰：“辄当奉扬仁风，慰彼黎庶。”

注释：

1 袁彦伯宏：袁宏，字彦伯，东晋官员。 2 机速：机敏。 3 祖：饯行。 4 卒迫试之：猝不及防地考验他。

◉ 周盘龙[1]为散骑，武帝戏曰：“卿着貂蝉[2]，何如兜鍪[3]？”盘龙曰：“此貂蝉从兜鍪中出耳。”

注释：

1 周盘龙：南朝齐名将。 2 貂蝉：貂尾和附蝉，古代为侍中、常侍等贵近之臣的冠饰。 3 兜鍪：古代战士的头盔。秦汉以前称胄，后叫兜鍪。

◉ 宋刘瑀[1]位本在何偃[2]前，孝武初，偃迁吏部尚书，瑀图侍中，不得。与偃同从郊祀，偃乘车在前，瑀策驷居后，相去数十步。瑀蹋马及之，谓偃曰：“君辔何疾？”曰：“牛骏驭精[3]，所以疾耳。”曰：“君马何迟？”曰：“骐骥罹于羁绊，所以居后。”偃曰："何不着鞭，使致千里？"曰："一蹴自造青云，何至与驽马争路？"

注释：

1 刘瑀：南朝宋大臣。宋孝武帝时官至辅国将军、益州刺史。 2 何偃：南朝宋官员。宋孝武帝时迁吏部尚书。 3 牛骏驭精：拉车的牲口强壮，驾车的技术精良。

◉ 吴使张温聘蜀，问秦宓曰："天有头乎？"宓曰："有。"温曰："在何方？"宓曰："《诗》云：'乃眷西顾。'以此推之，在西方。"温曰："天有耳乎？"曰："天处高而听卑，《诗》云：'鹤鸣九皋，声闻于天。'"温曰："天有足乎？"宓曰："《诗》云：'天步艰难。'无足何以步之？"温曰："天有姓乎？"宓曰："姓刘。"问何以然，曰："天子姓刘，以此知之。"

◉ 戴安道既厉操东山[1]，而其兄安丘欲建式遏[2]之功。谢太傅曰："卿兄弟志业，何其太殊？"戴曰："下官不堪其忧，家弟不改其乐。[3]"

注释：

1 厉操东山：指隐居不仕。厉操，砥砺节操。东山，谢安曾辞官隐居会稽之东山，经朝廷屡次征聘，方从东山复出。后以"东山"指隐居之事。 2 式遏：语出《诗经·民劳》："式遏寇虐，无俾民忧。"意思是遏止侵掠残害之行，不要让百姓有忧患。这里泛指建功立业，保国卫民。 3 下官不堪其忧，家弟不改其乐：不堪其忧、不改其乐，语出《论语·雍也》："人不堪其忧，回也不改其乐。"原意是说别人都不堪忍受箪食瓢饮那样的生活，颜回却以此为乐并不改其志。这里指戴安道不堪官场之纷扰，其兄却以出仕建功立业为乐。

◉ 陈元方[1]年十一时，候袁公。袁公问曰："贤家君在太丘，远近称之，何所履行[2]？"元方曰："老父在太丘，强者绥[3]之以德，弱者抚之以仁，恣其所安，久而益敬。"袁公曰："孤往者尝为邺令，正行此事。不知卿家君法[4]孤，孤法卿父？"元方曰："周公、孔子，异世而称，周旋动静[5]，万里如一。周公不师孔子，孔子亦不师周公。"

注释：

1 陈元方：东汉名士陈纪，字元方。与其弟陈谌、其父陈寔并著高名，时号"三君"。 2 履行：实行，执行。 3 绥：安抚。 4 法：效仿。 5 周旋动静：指言行举止，所作所为。

浇语第十七

吴苑曰：文章之士有才，其犹大地之有云露、草木之有花卉乎？才乃上天之所秘惜，不轻易以与人。士有才者，是得天之物，得天之物，安得不狂乎？狂之不已，不轻薄乎？故轻薄乃狂之甚也。盖文人不必有德，何也？天之所以与我者，才耳，而我混混沌沌，是弃天也；弃天之罪，不尤浮于轻薄乎？嗟乎！是亦可畏也。拔舌之狱，皆轻薄之报。毗沙天子，不肯暂一假借饶人。虽然，此亦自天之纵我耳，可无问也。乃次浇语第十七。

◉ 宋会稽太守孟颉，事佛精恳。谢灵运轻之，谓颉曰："得道应须慧业[1]文人。生天[2]当在灵运前，成佛必在灵运后。"

注释：

1 慧业：佛教语。指智慧的业缘。 2 生天：佛教指行十善者死后转生天道。本处指去世。

◉ 许敬宗性轻傲，见人多忘之。或谓其不聪，曰："卿自难记，若遇何、刘、沈、谢[1]，暗中摸索着亦可识。"

注释：

1 何、刘、沈、谢：分别指何逊、刘孝绰、沈约、谢朓。四人皆为南朝有名的文人雅士。

◉ 盈川令杨炯，每见朝官，目之曰“麒麟楦”。人问其故，杨曰：“今铺乐[1]假弄麒麟，刻画头角，修饰皮毛，覆之驴上，驴非楦而何[2]？”

注释：

1 铺乐：会聚饮宴为乐。 2 驴非楦而何：楦原本指鞋里面的楦子。唐朝人称演戏时装假麒麟的驴子叫麒麟楦。比喻虚有其表没有真才的人物。

◉ 杜审言[1]初举进士，恃才蹇傲，甚为时辈所妒。苏味道为天官[2]侍郎，审言参选，试判[3]后谓人曰：“苏味道必死。”人问其故，曰：“见吾判即当羞死矣。”

注释：

1 杜审言：初唐文人，杜甫的祖父。与李峤、崔融、苏味道并称“文章四友”。 2 天官：指吏部。 3 试判：唐代选拔人才的考试项目之一。考察其审定文字的能力以断定其文理是否优长。

◉ 张吏部缵与何敬容意趣不协，敬容居权轴[1]，宾客辐辏[2]。有复过吏部者，辄拒不前，曰：“吾不能对何敬容残客。”

注释：

1 权轴：权力中枢，指卿相之职。 2 辐辏：形容人或物聚集，像车辐集中于车毂一样。

◉ 倪云林[1]善山水，为一代名匠，独不写人物。太祖高皇帝[2]问曰：“每见卿山水俱无人，何也？”倪曰：“世自无人物可画耳。”

注释：

1 倪云林：倪瓒，号云林子。元代画家、诗人。 2 太祖高皇帝：指明太祖朱元璋。

◉ 杜审言将死，语宋之问、武平一曰：“吾在，久压公等。今且死，固大慰，但恨不见替人！”

◉ 祢正平[1]自荆州北游许都，书一刺怀之，漫灭而无所遇[2]。或问之曰：“何不从陈长文、司马伯达[3]乎？”祢曰：“卿欲使我从屠沽儿[4]辈耶！”又问：“当今谁复可者？”祢曰：“大儿孔文举，小儿杨德祖[5]。”

注释：

1 祢正平：东汉名士祢衡，字正平。恃才傲物，后因与江夏太守黄祖言语冲突而被杀。 2 书一刺怀之，漫灭而无所遇：意思是写好名帖揣在怀里准备谒见，但因为看不起任何人，结果名帖装在口袋里，字迹都磨损得看不清楚了，也没有派上用场。刺，名片，名帖。古人往来相通姓名，以竹木刺字其上，故称刺。 3 陈长文、司马伯达：指陈群和司马朗。皆当时名流。 4 屠沽儿：以宰牲和卖酒为业者。泛指职业微贱的人。这里是祢衡对陈群和司马朗等人的蔑称。 5 大儿孔文举，小儿杨德祖：指孔融和杨修。

◉ 刘荆州尝自作书，欲与孙伯符[1]，以示祢正平，正平嗤之，言：“如是为，欲使孙策帐下儿读之耶，将使张子布见乎？[2]”

注释：

1 孙伯符：三国吴孙策，字伯符。 2 欲使孙策帐下儿读之耶，将使张子布见乎：是让孙策帐下的兵士读呢，还是让张子布看呢？张子布，辅吴将军张昭，字子布。

◉ 人问祢正平："荀令君、赵荡寇[1]皆足盖当世乎？"祢答曰："文若可借面吊丧，稚长可使监厨请客。[2]"

注释：

1 荀令君、赵荡寇：荀彧，官尚书令，居中持重十数年，时敬称为"荀令君"。曹魏的重要谋臣，被称为"王佐之才"。赵融，字稚长。为曹魏荡寇将军，故称"赵荡寇"。 2 文若可借面吊丧，稚长可使监厨请客：意思是荀彧这张脸可以借去吊丧，赵稚长的肚子可以借去吃肉。《典略》曰："衡见荀仪容，但有貌耳，故可吊丧；赵有腹大，健啖肉，故可监厨也。"

◉ 褚公[1]与孙兴公[2]同游曲阿后湖，中流，风势猛迅，舫欲倾覆。褚公已醉，乃曰："此舫人皆无可以招天谴者，惟有孙公多尘滓，正当以厌[3]天欲耳。"便欲捉掷水中。孙遽无计，惟大啼曰："季野卿念我！"

注释：

1 褚公：指东晋名士褚裒，字季野。 2 孙兴公：东晋玄言诗人孙绰，字兴公。 3 厌：满足。

◉ 徐常侍陵[1]聘齐，时魏收[2]文学，北朝之秀，收录其文集以示徐，令传之江左。徐速济江沉之，曰："吾为魏公藏拙。"

注释：

1 徐常侍陵：徐陵，南朝梁陈间文学家。梁时曾任通直散骑常侍，故称。 2 魏收：北齐文学家、史学家。与温子昇、邢邵并称“北地三才”。

◉ 庾信至北，惟爱温子昇《寒山寺碑》[1]。后还南，人问：“北方何如？”信曰：“惟寒陵山一片石堪共语，薛道衡、卢思道少解把笔[2]，自余[3]驴鸣犬吠，聒耳而已。”

注释：

1《寒山寺碑》：即温子昇的代表作《寒陵山寺碑》。 2 少解把笔：稍微知道怎么拿笔。 3 自余：其余人。

◉ 刘昼作《六合赋》，自谓绝伦，以呈魏收，收曰：“赋名六合[1]，已是大愚，文又愚于六合，君四体又甚于文。”昼大忿，以示邢子才[2]，子才曰：“君此赋正似疥骆驼[3]，伏而无妩媚。”

注释：

1 六合：天地四方，整个宇宙空间。 2 邢子才：邢邵，字子才。北朝魏齐时文学家。 3 疥骆驼：生疥疮的骆驼。喻不为人喜爱的事物。

◉ 崔信明尝自矜其文，谓过李百药[1]。郑世翼遇之江中，谓信明曰：“尝闻有‘枫落吴江冷’，愿见其余。”信明欣然多出众篇。世翼未终篇[2]，曰：“所见不及所闻！”遂引舟去。

注释：

1 李百药：唐初史学家、诗人。 2 未终篇：没看完。

◉ 杨君谦每以文示人，人曰佳，即掩卷问曰："何处佳？"其人不能指，杨袖文曰："是蹴圆口[1]。"遂去。

注释：

1 是蹴圆口：这就是践踏你自己的嘴巴。蹴圆，古代类似足球的运动。

◉ 蔡子木酒后自歌其夔州诸咏，甫发歌，吴国伦辄鼾寝，鼾声与歌相低昂，歌竟，鼾亦止。人谏之，吴曰："我以南柯[1]板击夔州腔，有何不可？"

注释：

1 南柯：指梦境。

◉ 陈眉公曰："品茶，一人得神，二人得趣，三人得味，七八人是名施茶。"

◉ 崔赵公尝谓径山曰："弟子出家得不？"径山曰："出家是大丈夫事，岂将相所能为？"

◉ 郑光业有一巨皮箱，凡投贽[1]有可嗤笑者，即投其中，曰："此苦海耳。"

注释：

1 投贽：进呈诗文或礼物求见。

◉ 宋林逋高逸倨傲，多所学，惟不能棋。尝谓人曰："逋世间事皆能之，惟不能担粪与着棋。"

◉ 尧让天下于许由，许由逃而去。其友巢父闻由为尧所让，以为污己，乃临池洗耳。池主乃牵牛上流饮，曰："毋污吾牛口。"

◉ 吴鹿长性坦率，不事矫饰，每遇风雅洗剔[1]之辈，辄皆扫落。人谓曰："君不得尽鲁莽尔尔[2]。"答曰："予以鲁莽遇风雅，复以风雅遇鲁莽，[3]胡为尽尔尔？"

注释：

1 风雅洗剔：意思是刻意矫情、附庸风雅。 2 尔尔：如此。3 予以鲁莽遇风雅，复以风雅遇鲁莽：我以鲁莽的态度对待故作风雅的人，又以风雅的态度对待真正鲁莽的人。

◉ 钱塘妓郭步摇，与所昵者泛西湖。坐中有少年，美丰姿，郭每顾之，略不与所昵者接。其人怒曰："汝爱伊耶？"郭佯不闻。少年者举杯向岸花酹[1]曰："春风入林，岂为松柏？"

注释：

1 酹：以酒浇地。

◉ 王勃、杨炯、卢照邻、骆宾王，皆以文章齐名，天下称王杨卢骆，号四杰。炯尝曰："吾愧厕[1]卢前，耻居王后。"

注释：

1 厕：厕身，置身。

◉ 殷浩[1]才名冠世，庾翼[2]弗之重[3]也。每语人曰："此辈宜束之高阁，候天下太平，然后议其任耳！"

注释：

1 殷浩：东晋时官员、清谈家。 2 庾翼：东晋中期将领，官拜征西将军。 3 弗之重：不器重他。

◉ 支道林入东，见王子猷兄弟。还，人问："见诸王何如？"答曰："见一群白颈乌，但闻唤哑哑声。"

◉ 深公[1]云："人谓庾元规[2]名士，胸中柴棘[3]三斗许。"

注释：

1 深公：指东晋名僧竺法深。 2 庾元规：东晋名士庾亮，字元规。 3 柴棘：枯枝和荆棘，比喻心思多，胸怀不坦荡。

◉ 王子猷诣谢万[1]，林公[2]先在坐，瞻瞩甚高[3]。王曰："若林公须发[4]并全，神情当复胜此不？"谢曰："唇齿相须[5]，不可以偏亡。须发何关于神明？"林公意甚恶，曰："七尺之躯，今日委君二贤。"

注释：

1 谢万：东晋名士，谢安之弟。 2 林公：东晋名僧支遁，字道林，时尊称其为林公。 3 瞻瞩甚高：眼光很高。这里指林公神情高傲。 4 须发：胡须头发。 5 须：依赖，凭借。

◉ 王、刘[1]每不重蔡公[2]。二人尝诣蔡，语良久，乃问蔡曰："公自言何如夷甫[3]？"答曰："身不如夷甫。"王、刘相目而笑曰："公何处不如？"答曰："夷甫无君辈客！"

注释：

1 王、刘：指东晋名士王濛、刘惔。 2 蔡公：指东晋重臣蔡谟。 3 夷甫：西晋名士王衍，字夷甫。其清俊风雅，为当时清谈领袖。

◉ 王凝之谢夫人[1]，既往王氏，大薄凝之。既还谢家，意大不悦。太傅[2]慰释之曰："王郎，逸少之子，人身亦不恶，汝何以恨乃尔？"答曰："一门叔父，则有阿大、中郎[3]；群从兄弟[4]，则有封、胡、遏、末[5]。不意天壤之中，乃有王郎！"

注释：

1 王凝之谢夫人：王凝之妻子谢道韫。她是谢安的侄女。 2 太傅：指谢安。 3 阿大、中郎：阿大指谢安的堂兄谢尚，中郎指谢安排行第二的哥哥谢据。二人皆身居官位，为一时名流。 4 群从兄弟：同族的堂兄弟。 5 封、胡、遏、末：封指谢韶，胡指谢朗，遏指谢玄，末指谢渊，四人都是谢家有才学的人。封、胡、遏、末分别是四人的小字。

◉ 孙子荆[1]以有才，少所推服，惟雅敬王武子[2]。武子丧，时名士无不至者。子荆后来，临尸恸哭，宾客莫不垂涕。哭毕，向灵床曰："卿常好我作驴鸣，今我为卿作。"体似真声，宾客皆笑。

孙举头曰："使君辈存，令此人死！"

注释：

1 孙子荆：西晋文学家孙楚，字子荆。 2 王武子：西晋官员王济，字武子。其才华横溢，风姿英爽，气盖一时。

◉ 庾道季[1]云："廉颇、蔺相如，虽千载上死人，懔懔[2]恒如有生气；曹蜍、李志[3]虽见在[4]，厌厌[5]如九泉下人。人皆如此，便可结绳而治，但恐狐狸貒貉啖尽。[6]"

注释：

1 庾道季：东晋大臣庾龢，字道季。庾亮之子，才思敏捷，善为文章，以谈吐清雅著称于时。 2 懔懔：可敬畏的样子。 3 曹蜍、李志：二人均为东晋时人，书法可与王羲之争衡，但不为时人所重，为官亦功业不显。此处泛指平凡庸常之人。 4 见在：现在还活着。 5 厌厌：形容精神不振。 6 人皆如此，便可结绳而治，但恐狐狸貒貉啖尽：如果人人都如此庸碌寻常，就可以结绳而治了，但恐怕人也被狐狸貒貉等野兽吃尽了。

◉ 郗司空方回[1]家有伧奴[2]，知及文章，事事有意[3]。王右军向刘尹[4]称之。刘问："何如方回？"王曰："此正小人有意向耳[5]，何得便比方回？"刘曰："若不如方回，故是常奴耳！"

注释：

1 郗司空方回：东晋官员郗愔，字方回。王羲之内弟，死后朝廷追赠司空。 2 伧奴：原籍为北土的奴仆。 3 有意：有主见。 4 刘尹：东晋清谈家刘惔，字真长。曾任丹阳尹，故称。 5 此正小人有意向耳：这只是奴仆有那么点志向罢了。

◉ 孙兴公作庾公亮诔文[1]，多托寄[2]之辞。既成，示庾道恩[3]。庾见，送还之，曰："先君与君，自不至于此。[4]"

注释：

1 诔文：悼念死者的文章。 2 托寄：寄托情意。 3 庾道恩：庾亮第三子庾羲，小字道恩。 4 先君与君，自不至于此：先君和您的关系还好不到您写的这种程度。

◉ 王丞相初在江左，欲结援吴人[1]，请婚陆太尉[2]，对曰："培塿[3]无松柏，薰莸[4]不同器。玩虽不才，不为乱伦之始。[5]"

注释：

1 结援吴人：结交吴地人士。 2 陆太尉：东晋士族重臣陆玩，吴郡人。死后获赠太尉，故称。 3 培塿：小土丘。 4 薰莸：香草和臭草。喻贤愚、好坏等。 5 玩虽不才，不为乱伦之始：我陆玩虽不才，但也不至于做败坏伦常的带头人。陆玩是南方的士族豪门，王导的先人虽也不乏名臣，但渡江之初，论功勋名望，王不如陆；加以当时南方人瞧不起北方人，所以陆玩不愿与王导联姻。

◉ 杜预[1]拜镇南将军，朝士悉至，皆在连榻[2]坐。时羊稚舒[3]后至，曰："杜元凯乃复连榻坐客！"不坐便去。

注释：

1 杜预：字元凯。魏晋时著名政治家、学者，西晋时官拜镇南将军，是一个文武双全的名将。 2 连榻：榻分独榻和连榻，坐独榻为尊，坐连榻则否。 3 羊稚舒：羊琇，字稚舒。西晋名将羊祜堂弟，封甘露亭侯，死后追赠辅国大将军。

◉ 支道林造《即色论》，论成，示王中郎。中郎都无言。支曰："默而识之乎？"王曰："既无文殊，谁能见赏？[1]"

注释：

1 既无文殊，谁能见赏：《维摩诘经》载，文殊菩萨问维摩诘何者是菩萨入不二法门，维摩诘默然无言，文殊菩萨便叹称维摩诘是真入不二法门。王坦之意指既无文殊，谁能赏识我的默然无言呢！王对支著不置可否，实际上是不欣赏。

◉ 王、刘与林公[1]共看何骠骑[2]，骠骑看文书，不顾之。王谓何曰："我今故与林公来相看，望卿摆拨常务，应对玄言，那得方低头看此耶？"何曰："我不看此，卿等何以得存？"

注释：

1 王、刘与林公：指王濛、刘惔和支道林。三人都是东晋有名的清谈家。 2 何骠骑：指骠骑将军何充。

凄语第十八

吴苑曰：凄者，西也，于时为秋。秋之为时也，刁刁焉，摵摵焉。稍具情者，触闻之间，无不堕泪，其义可知矣。又，西方为万物告终之处，故次凄语第十八。

◉ 李斯论斩咸阳市，当出狱，与其中子[1]俱执，顾谓其中子曰："吾欲与若复牵黄犬，俱出上蔡东门逐狡兔，岂可得乎？"

注释：

1 中子：排行居中的儿子。

◉ 陈宫[1]与吕布俱为曹公所执，公谓宫曰："奈卿老母何？"宫曰："老母在公，不在宫也。夫以孝理天下者，不害人之亲。"公又曰："奈卿妻子何？"宫曰："宫闻霸王之主，不绝人之祀。"固请就刑，遂出不顾。

注释：

1 陈宫：东汉末年吕布帐下谋士、大将。

◉ 卫夫人[1]见王羲之小时书便有老成之气，流涕曰："此子必蔽吾名！"

注释:

1 卫夫人：卫铄，别称卫夫人。东晋著名女书法家。

◉ 汉高征黥布[1]还，过沛[2]，留，置酒沛宫，悉召故人父老子弟佐酒。酒酣，乃歌《大风之歌》，帝自起舞，慷慨伤怀，泣数行下。谓父兄曰："游子悲故乡。吾虽都关中，万岁之后，吾魂魄犹思家沛。"

注释:

1 黥布：即英布，因受过黥刑，故人称黥布。西汉初封诸侯王，后起兵造反，高祖亲征。 2 沛：即沛县。汉高祖刘邦起兵于沛，又称沛公。

◉ 狄仁杰登太行，见白云孤飞，乃叹曰："吾亲舍其下[1]。"

注释:

1 吾亲舍其下：意思是我的父母就居住在那下面。表示思念父母。

◉ 孔北海[1]被收，时男方九岁，女七岁，以幼弱得全，寄在他舍。或有言于曹操收之。女谓兄曰："若死而有知，得见父母，岂非至愿！"遂延颈就刑。

注释:

1 孔北海：孔融曾为北海太守，故称孔北海。

◉ 桓宣武平蜀[1]，以李势[2]妹为妾，甚有宠，常着斋后[3]。主[4]

始不知，既闻，与数十婢拔白刃袭之。正值李梳头，发委藉地，肤色玉曜，不为动容，徐徐结发，敛手向主言曰："国破家亡，无心至此。今日若能见杀，乃见本怀。"

注释：

1 蜀：指成汉，十六国之一。晋惠帝时，李雄据蜀称帝，国号成，后李寿又改国号为汉，史称成汉。成汉传至李势，国势日益衰落。晋穆帝永和二年，桓温率师西伐，次年春，灭掉成汉。 2 李势：成汉末代皇帝。 3 斋后：书斋后面。 4 主：桓温的妻子，晋明帝女南康长公主。

◉ 孙子荆除妇服[1]，作诗以示王武子。王曰："未知文生于情，情生于文[2]。览之凄然，增伉俪[3]之重。"

注释：

1 除妇服：为妻子服丧期满，脱去丧服。 2 文生于情，情生于文：情文交融相生，即情文并茂。 3 伉俪：夫妻。

◉ 曹公既杀杨德祖[1]，后与太尉[2]遇于朝，曹问太尉曰："公何瘦之甚？"对曰："愧无日磾先见之明，犹怀老牛舐犊之爱[3]。"曹公为之改容。

注释：

1 杨德祖：东汉文学家杨修，字德祖。 2 太尉：指杨彪，杨修之父。汉献帝时曾任太尉之职。 3 愧无日磾先见之明，犹怀老牛舐犊之爱：恨自己没有管教好儿子，又思念疼惜自己的儿子。日磾即西汉时名相金日磾，他儿子胡作非为，金日磾发现了苗头，就果断处死了自己的儿子。

◉ 龚胜[1]死，楚父老来吊，哭甚哀，既而叹曰："薰以香自烧，膏以明自煎。嗟哉龚生，竟夭天年。"

注释：

1 龚胜：西汉彭城人。少好学，通五经，与龚舍相友善，并著名节，世谓之"楚二龚"。

◉ 羊太傅[1]好山水，每风景，必造岘山，置酒言咏，终日不倦。尝慨然叹息，顾谓从事中郎邹湛曰："自有宇宙，便有此山。由来贤达胜士，登此远望，如我与卿者多矣，皆灭无闻，使人悲伤。如百岁后有知，吾魂魄犹应登此。"

注释：

1 羊太傅：指西晋开国元勋羊祜，死后追赠太傅，故称。

◉ 雷宣徽[1]颇涉道书，因读史，废书流涕曰："功名者，贪夫之钩饵。横戈开边，仗剑讨叛，死生食息之不顾；及其死也，一棺戢身[2]，万事都已，悲夫！"

注释：

1 雷宣徽：北宋贤臣，颇有功名。 2 戢身：敛迹，藏身。

◉ 张思曼[1]亡后，从弟[2]融赍酒于灵前，酌酒恸哭曰："阿兄风流顿尽！"

注释：

1 张思曼：南朝齐张绪，字思曼。为人清正，风姿清雅。 2 从弟：堂弟。

◉ 韩雍[1]升江西巡抚，经泰和，念陈芳洲为举主[2]，躬祭墓下，流涕不已，曰："士为知己者死，吾将安死焉？"

注释：

1 韩雍：明代官员。 2 举主：古时候对被推荐者而言，推荐者为其举主。

◉ 江陵陈元植与章华甫、张相期友善。陈死，华甫检元植所披阅《东坡集》刻之以传其意。每至刻所，出谓人曰："予一闻敲字声，使人半日思肠不返。"

◉ 过江诸人，每至美日，辄相邀新亭，籍卉饮宴。周侯颉中坐而叹曰："风景不殊，正自有山河之异。"皆相流涕。

◉ 卫洗马玠初欲渡江，形神惨悴，语左右云："见此芒芒，不觉百端交集。苟未免有情，亦复谁能遣此？"

◉ 桓温北征，经金城，见前为琅玡时种柳，皆已十围，慨然曰："木犹如此，人何以堪？"攀枝执条，泫然流涕。

◉ 谢太傅语王右军曰："中年伤于哀乐，与亲友别，辄作数日恶。"王曰："年在桑榆[1]，自然至此。正赖丝竹陶写[2]，恒恐儿辈觉，损欣乐之趣。"

注释：

1 桑榆：指垂老之年。　2 陶写：怡悦情性，消愁解闷。

◉ 袁彦伯为谢安南司马，都下诸人送至濑乡。将别，既自凄惘，叹曰："江山辽落，居然有万里之势！"

◉ 陈眉公曰："寒檐夜雨，大有幽趣。一乞者负薪呼号，便觉光景索然，毛骨俱悚。自尊而贱物，适己而遗人，岂是男子！"

◉ 陈眉公曰："桃源犬吠，桑间鸡鸣，淳之极也，文之上也。寒潭之月，古木之鸦，便有衰飒气象。"

◉ 吴燕孺曰："吾每从白门[1]归，见江山逶迤，草木苍郁。人常言佳，我觉是别离人肠中一段酸楚气耳！"

注释：

1 白门：南京的别称。

◉ 夏相公[1]被诏时，自知无善消息，乃指道旁树曰："白杨，白杨，尔能知我此去不返乎？"

注释：

1 夏相公：指明代首辅夏言。他遭奸臣严嵩攻讦，最终被杀害。

［明］钱榖《兰亭修禊图》（局部）

《舌华录》以收录奇人妙语为主。书名『舌华』取自佛经『舌本莲花』。《舌华录》言简意赅，语言生动。书里收录的多是仓促口谈，有很强的生活气息。虽然这些语录距离今人较远，常常又有历史文化背景的限制，但里面的许多妙语却是穿越时空的，今天品读，仍感意味绵绵不绝。《舌华录》成书于明朝，和《世说新语》相差了一千多年，却不妨碍人们将这两本书称为姊妹篇。

扫码试听音频讲解

ISBN 978-7-5538-1133-8

9 787553 811338 >

定价：32.00元

半日闲

笑林广记

熊钰 选注
崔岩 讲解

岳麓書社

［南唐］顾闳中《韩熙载夜宴图》（局部）